誰もが知りたがる
風の噺

シリーズ2 〜 ビル風に立ち向かう方法 〜

丸田 榮藏 著

日本工業出版

発刊にあたり

　45年間勤めた大学を退職しても、今なお気になって仕方がないことがあります。振り返ってみると、それは、これまで目にしてきた教育の在り方です。大学改革が叫ばれて久しいのに、何一つ変わっていない現状に居たたまれなくなっているのは私だけでしょうか。

　自身のことに置き換えて考えるに、脳の構造が悪いせいか先生の授業が頭の中で整理できない、勉強の仕方も知らない、暗記モノは苦手、理解するのに時間がかかるという具合である。当然こんな学生は優等生にはなれません。

　外山滋比古先生は、彼の著書の中で申されるに、出来合いの酒を上手にブレンドして最高に美味しいカクテルを造れる人間と麦や米から発酵させで醸造酒を造れる人間では、これからの激しい世界の競争にどちらが打ち勝って行けるかを問うておられます。これまでの画一化した大学教育は、もちろん前者であったように理解ができるし、大量生産社会においてはそれなりに多大な貢献があったとは否定しません。

　自己啓発型教育への転換と叫ばれても、相も変わらず必修科目で支配され、がんじがらめになった学生に何を求めようとするのだろうか。やはりがり勉型の優等生を世に送り出しているのではという猛省が必要である。「学ぶ方法を学ぶ」という大学教育の理念を掲げても、教え手側にその気がない以上どんなカリキュラムも画餅に終わるのが必定である。

　そこで、これまで歪められてきた講義に一塩加えて味を変えるのも一考かと思われるが、その塩梅が難しい。さらに思うには料理の品数が多すぎて、みんな特徴のない味を調理することになってしまう。解決の道は二通りあるように思います。一つは極端に品数を減らしかつ味を薄くしいろんな調味料を用意して自分なりの味覚に合うように整えさせる、もう一つはそれとは全く逆にいろんなスパイスの効いた多くのメニューを用意して自分の意向にあった身体づくりをさせる。ようは自分自身で考えないと身にならないということのように思います。一度、後者の方法を試みたのですが、如何せん教育者側に我慢強く仕上がりを待つという度量が無かったし、一つ一つが美味しいと言わせるメニューを提供する器量にも欠けていたかもしれない。

　改まって言うと、大学の価値は、大学自身が素晴らしいメニューをどれだけ多く用意できるかによって左右される。そしてすべて選択科目とし、そのカオスの中の選択により目的に合った自分で作る自分流の講義が、先出の「学ぶ方法を学ぶ」という理念実現のための究極の教育、すなわち自分自身で問題提起できる脳を養う教育のように思います。

　退職後、ある教授からFace bookに参加するようお誘いを受け、疑心暗鬼に立ち上げたところ良い道具を見つけたという印象でした。というのは、大学で残してきたことをこのFace bookを利用してできないかと考えたのが「夏期講座」というものであり、読者がこれを疑問符として次に発展できる礎になればと試みたものです。本著は、この取り留めもない講座をひと纏めにしたものです。

丸田榮藏

目　次

はじめに

　シリーズ1.講座「建築と風のかかわり」では、皆様の後押しもあり４１回も連載し、総集編として「シリーズ1−建築と風のかかわり−」を纏めることができました。第２弾として「シリーズ2.　−ビル風に立ち向かう方法−」を開講し、28回で終講に至り、再度一冊の本としてまとめることができました。ビル風に特化した本書では、書店で見られるような表向きの内容ではなく、内面に潜む問題を側面から考えてみることも在りかなーと思った所以です。

　ビル風は、住民サイドからも建設サイドからも嫌われ者として扱われております。今後、都市は一段と開発が進み、高層建築の更なる増殖が予想されます。この嫌われ者のビル風とどう付き合うか、建設側にとっても住民側にとってもこれが最優先の課題ではないでしょうか。両者がいがみ合っていても始まりません。情報を共有しお互い住みよく安全な街にしていくことが肝要かと思います。

　ほとんどの方々はこのようなビル風に特化した講義を受ける機会は全くなかったものと推察します。ビル風は、気象学、流体力学、統計・確率、フーリエ級数などの学問が主体となるため、理解しようとする方々からは避けられてきた存在でもありました。そこで、この難解な学問がもっと身近になれる、いや必要のないような講座にしたいと思っています。もちろんこの講義は、研究者を対象とするのではなく、数学や物理と疎遠でいたごく一般的な人々であり、皆さんが理解できるに相応しい内容にと考えました。

　本書は、28のキーワードで構成されています。
第１章　ビル風の本質を認識する　（ルーツ・噂話・悪戯・遊ぶ）
第２章　ビル風問題の側面を探る　（欲望・既得権・裁判・条例）
第３章　ビル風との付き合い方を知る　（土地柄・性格・日常・非日常）
第４章　ビル風の善悪を判別する　（相対と絶対・確率・瞬間・評価指標）
第５章　ビル風を利用する　（発電・予報・省エネ・防災）
第６章　ビル風という魔物との戦い方を見つける　（吸収・逃す・押える・祓う）
第７章　ビル風測定の限界を理解する　（風洞・観測・風砂法・CFD）

第 1 章
ビル風の本質を認識する

1-1　ビル風のルーツ

　何とも耳触りのいい響きのビル風ですが、語源的にはそうではなかったのです。話せばややこしいのですが、当初に「高層建築物周辺の乱れ」と呼んでいました。なぜ強風でないのと申されますが、これは富士山の方に迂回した日航機が乱気流に揉まれて墜落し、多くの命が失われたことが関係しています。折しも日本で初めて超高層ビル（霞が関ビル168m）が建設され、ビル風と富士山事故と絡めて乱気流の恐怖がTVや新聞で報道されました。私にしては真面目な出だしですね！

　でも今日は我慢してください。

　そこでビル風の対策委員会（APS: Aerodynamic Problems on Skyscraper）でもこの「乱」というインパクトの強い言葉に引かれたのです。その後、ビル風研究が活発になり「周辺気流（Airflow in the vicinity of tall buildings）」という表題の論文が占めるようになり、英語では「ビル風」を直接翻訳できないのですが、業界用語に変じて「ビル風」が多用されるようになったのです。現在は、「風環境（Wind environment）」問題として扱われるようになっております。

　ビル風という現象自体に特別なものではなく、19世紀から研究された単なる物理現象で、ドイツ人のDr. L. Prandtlの著書（Hydround Aeromecanic 1929）によって、物体周りの流体力学的流れに体系化されたもので真新しいものではありません。**図1**では、堰き止めたシャワーの流れが両脇に押し出される様子、すなわち流れの中に建物が入ると、建物は流れを偏向させ、結果として建物周り強風や乱れを作ります（シリーズ1−13を参照）。また、**図2**のように、どこの町でも風通りのいい街路や狭くなった吹き抜けでは日常的に風は吹いているのです。この周辺流れの現象がなぜ大きく問題にされてきたのでしょうか。

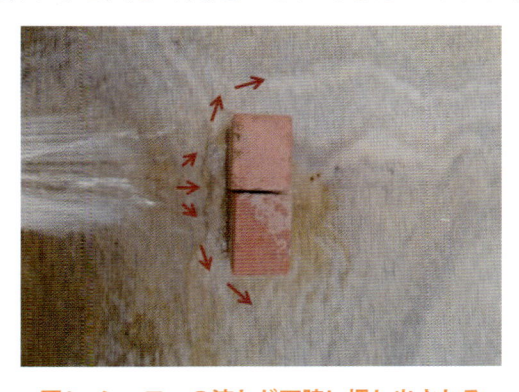

図1　シャワーの流れが両脇に押し出される

図2　通りの流れ

　その発端はやはり、ロンドンの国際会議（HMSO）でDr. W.H.Baines[1]が発表した高層ビル周辺の下降気流が引き金のようでした。我が国では、当時気象研究所の相馬清二博士による前出の霞が関ビルが屋上の2倍の風速が地上で発生するというショッキングな論文発表[2]だったと認識しています。アメリカでは、1971年の会議にDr. R.A.Parmeleeがビル風現象に触れ、**図3**の地下鉄の排気口から吹き上がる風によってマリリンモンローのスカートが捲れるという名場面「7年目の浮気」をもじってモンロー効果[3]（Monroe Effect）と呼ばれるようになったのです。すごく魅惑的でスキャンダラスな話ではありませんか！興味が湧いてきましたか？この悪者にされる話の続きは、次回に譲ります。

　"はなとアン"の連ドラのように「では皆さんごきげんよう」と言うのでしょうか。

図3　吹き上がる風でスカートが捲れる

1-2　ビル風の噂話

　なぜ悪者にされてきたか、今回答えを出さなければと思っているのですが！

　人の噂も75日（A wonder lasts but nine days：イギリスの方が短いね）、何の根拠もないのに親から言われ我慢することを強いられてきた。これが昔からの“躾（しつけ）”であり家庭教育だったのかもしれない。でも噂話は気になるもので、そのうち不安になり、被害者意識を自分の中に大きく育ててしまいます。台風がきたら我が家は大丈夫だろうかと怯えたり、TVや新聞に出ていたことに戦々恐々となったりします。これは、当然人間の業（ごう）であり、とくに無知識からくる不安がもたらすものと思っています。

　図4-①は、問題が噴出し始めた当初、ビル風紛争が芽生える時期について住宅公団の委員会[4]において調べたものです。数値をみて驚愕するのは、95％は実体のない建設前の話だからです。しかも役所に建築確認を申請する以前が46％ですよ、信じられますか。同様の調査結果ですが、図4-②にはまたまた驚かされます。建築用途別に示された数字の大小を問題にしているのではありません。注目されるのは5階建て以下の集合住宅で発生していることなのですよ。これが建築確認申請前の話としたら、“何事か言わんや”でしょうか。不安を増長するマスコミ、それを政治的に利用する先生方、これは風説の流布による産物と言っても過言ではありません。

ビル風紛争の発生時期

紛争発生時期	件数 （%）
建築確認申請前	66 （46）
建築確認申請後	27 （19）
建築確認後	43 （30）
着工後	6 （5）

用途別紛争発生件数

建築用途	件数	階数内訳			
		5階以下	6階～9階	10階～15階	10階以上
共同住宅	79	31	25	23	-
共同住宅と事務所および店舗	38	11	13	13	1
事務所	19	2	12	4	1
工場、病院、他	6	4	2	-	-

図4　ビル風紛争実態調査

　後味が悪いので話の方向を変え、別次元で考えてみましょう。

　で、突飛な話ですが、紀元前6世紀のギリシアの哲学者ピュタゴラスには既に地球は球体であるということは知られていたし、また紀元前300年頃にはアリストテレスが自然科学理論から証明されているにも拘わらず、15世紀中頃のマゼランやコロンブスの時代に地球平板説が信じられるような、噂話が真しやかに伝わるのです。

　図5は、私の幼いころに教わった天動説の一コマを私なりに創った妄想です。ジャポネの先の世界は奈落の底だとね！マルコポーロによる東方見聞録（1298年）では、日本には黄金が唸（うな）っていると思われていたのです。現代でもそうなのです。高層ビルの周りには強風ではなくてお金が“つむじ”のように巻き上がると思われているのかも知れません。

3

　1970年代、ビル風は日照権と電波障害を合わせて当時の3大公害と揶揄され、建設反対運動の一翼を担っていたのです。建設会社は信用できない、企業研究所の実験はねつ造など、建設側と住民側の対話には不信感でいっぱいでした。解決策は、青っぽいけどお互い胸襟を開き至誠を尽くすことしかありません。

図5　マルコポーロの東方見聞録

　図6は、超高層ビルが林立するマンハッタンです。我が国の都市も過渡期です、いずれ"どちらのビルが加害者？"ということになりますけど。

(Looking south from Top of the Rock, NewYork City, Paniel Schwen)

図6　マンハッタン

　前出の会議でDr. R. A. Parmelee[3]がKey noteの冒頭に記載した一コマです。シカゴを訪れた旅行者と市民とのやり取りからビル風をもじっていまが、さて、貴方たちはこのような風況をどう感じますか？
　"Does the wind blow this way all the time in Chicago?"
　"Nope," replied the local resident, pointing. "Sometimes it blows that way,"
　答えが出たのか分からないけど、想い人に打ち明けるもどかしさを残しながら次に進みます。

1-3　ビル風の悪戯

　幼き頃から悪戯坊主で育ってきた小生としては、このようなタイトルに出くわすとちょっと考えさせられます。先ずは風の悪戯とくれば思い浮かべるのは、**図7**の風刺画[5]でしょうか。この現象はビル風と言わずとも日常的に風が強ければ目にする光景です。突風による悪戯は、際限なく恥じらいを造ります。さらにビル風は、他の場所では全く静穏なのに特定地帯に入ると突然起こりやすくなります。**図8**の光景[6]は、喜びに胸いっぱいの花嫁が、油断したのでしょうか折角の衣装やセットは台無しです。Oh, Jesus Christ！

図7　風刺画─貴婦人・紳士たちの戸惑い[5]

図8　花嫁の戸惑い・・・A.D. Penwarden[6]

　ケンブリッジ大学のJ. C. B. Hunt教授[7]は、モンロー効果の現象を理論的に解明しようとしました。私は、先を越されました。**図9**によると、スカートの重量が大いに関係しますが、風の乱れによって引き起こされることを示しています。軽くてかつ肌との摩擦の少ない素材のスカートは捲れやすいので恥じらいを持つ女性は心されよ。さらに先へ行きます。

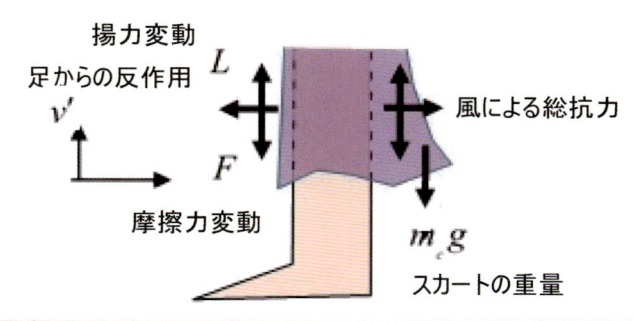

$$L \approx ev'\overline{u}\ell^2 \, , \quad F \approx \mu_c e\overline{u}^2\ell^2$$
$$\textit{Condition that the skirt is not to be lifted,}$$
$$ev'\overline{u}\ell^2 < \mu_c e\overline{u}^2\ell^2 + m_c\,g \quad (\because L < F)$$
$$\frac{u'}{\overline{u}} = \left(\mu_c + \frac{m_c g}{e\overline{u}^2\ell^2}\right)\cdot\left(\frac{u'}{v'}\right) \quad , \textit{where} \left(\frac{u'}{v'}\right) \approx 2.0$$

図9　Hunt教授のモンロー効果の考え方[7]

　風速が強くなるにつれてビル風の悪戯は変貌しますが、堅苦しい表現で言いますと、
　(1)人命の安全に拘わる障害、
　(2)人間の活動に拘わる障害、
　(3)構造の安全に拘わる障害、
　(4)営業障害、
　(5)環境障害
に区別できます。
　ここで問題にされるのは、”この障害がどこまで頻繁に起こるか”なのです。毎日台風みたいな被害が起こったらどう感じますか？常識的に弱い風の時の風障害の方が頻繁に起こりやすいのですけどね。
　図10は、突風の強さによって引き起こされる風障害です。また傘が差せなかったり歩行が出来なかったりする**図11**のような風害[8]や、台風という暴風で樹木が倒れたり車がひっくり返される**図12**のような風害は、ビルの近傍でしかも高層になるほど起こりやすくなるのです。ビル風の悪戯がここまで来るとは。Oh. Terrible!

発生時の瞬間風速(m/s)	発生事象
8〜10	傘が差せない 衣服が乱れる 隙間風の音がする 空のポリバケツが転がる
10〜12	砂ぼこりがたつ 洗濯物が飛ぶ 被っている帽子が飛ばされる 持っている紙幣、切符が飛ばされる
14〜15	自転車が倒される 立て看板が倒される
16	自転車の運転が困難 人体のバランスが崩れる 風が強く、屋外へ出るのをためらう 傘がオチョコになる
17〜18	雨が家の中に吹き込む ドアの開閉が困難になる
20	突風でバランスを取るのが困難 窓がガタガタする
21	家の作りによっては揺れる
22	人が吹き飛ばされそうになる
23	人が吹き飛ばされる
30	瓦が飛び始める トタンがめくれるときもある

図10　突風の強さと発生障害

図11　歩行障害の例

制限される噴水の高さ　　　　台風時の車の転倒　　　　　樹木の転倒

図12　高層ビル周辺の風害

	建物建設地点	掲載年掲載紙	階数	障害の掲載概要
1	兵庫・西宮	S45.6.11 朝日	9	看板の飛散・戸ががたがた音がする。
2	大阪	S48.2.5 朝日	?	台風接近時、付近の8戸の家屋の屋根瓦飛散・庭木が倒壊
3	東京・中央区	S48.12.? 朝日	14	オートバイや自転車が倒れる・風速20m/sを超すと家が倒れ、きしむ・ショーウインドーの戸が風圧で倒れた・日除けの鉄骨が曲り、剥がれた
4	兵庫・西宮	S48.2.5 朝日	11	木造2階建の瓦飛散・屋根瓦乞われ50万円の被害・数戸でガレージが倒れる
5	兵庫・芦屋	S48.2.13 朝日	6	木造平屋の屋根が持ち上がり、窓ガラスが割れ、家じゅうが水浸し・近くの民家でセメント塀粉砕
6	東京・目黒	S48.2.25 毎日	11 14	看板が突風で煽られ、支柱ごと倒壊・7歳の男子下敷き、重体
7	東京・千代田区	S48.2.25 毎日	14 39	13歳の少女に飛散した立て看板の木枠が当たり、頭の骨を砕き重体
8	東京・新宿区	S49.2.25 毎日	11	歩行困難・騒音・春一番に屋根飛散
9	和歌山・白浜	S48.4.24 読売	13	台風23号時、付近の民家の瓦飛散
10	東京・杉並区	S49.11.30 読売	14	店内が埃で埋まる
11	イギリス	1976.6.11 Sunday Marcury		老女が建物角で風により足を掬われ、頭を打ち死亡

図13　ビル風被害の報道

　昭和47年ごろ日本の建築界を騒がした**図13**の新聞記事には、誰もが恐怖を感じたものです。
　私も時たまTV番組に引き出され、風洞に入り、体をはってビル風の脅威について訴えてきました（**図14**）。しかし、ただ恐怖を煽るのではなく、正確に状況を伝えることが大事であり、真摯に問題解決へと立ち向かうことが重要だと思うのです。問題から逃げて、相手と敵対しても何の解決も得られません。人生訓みたいな講義になってしまいました。次回は、これらの悪戯を作り出す要因を探るビル風遊びをやってみませんか？

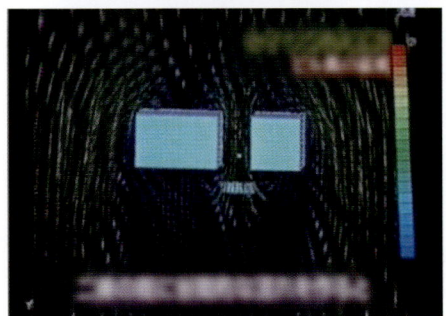

図14　ビル風の報道特集

1-4　ビル風と遊ぶ

　今日はビル風と遊ぶことがテーマです。人は遊びの中で学ぶと言われていますから。

　「ビル風の発生要因について」と鯱張ったらノッケから受講逃避されそうなので、私なりに考えたのです。とは言え、そういうほど外れたテーマでもないことに最後には気付いていただけるものと思っております。

　高層建物の周辺は、ディズニーランドや後楽園遊園地のようでもあるし、長瀞峡谷の川下りにも匹敵するような行楽に長けたアミューズメントパークみたいな親しみあるところなのです。そして、ビル風は、毛嫌いされ、避けられるほど嫌われるような現象ではないのです。と言ったら、ふざけなさんなとお怒りを受けるかもしれませんね。しかし、こういう喩によってより身近にビル風現象が理解できるかも知れません。図15は、まさにスリリングな激流の川下り、ジェットコースター、バンジージャンプ、そして昔チロル街道で買い求めたメルヘンチックなメリーゴーランドなど盛り沢山の光景が発見できます。ご自分で当てはめて見ましょうか。Oh Fantastic!

図15　アミューズメントパーク

　では、通常の講義風に戻りビル風を現象別に分析してみましょう。ようやく、元大学教授らしくなりました。

　第1章1-3で紹介したビル風に関する5項目の悪戯、①人命の安全・②人間活動・③構造安全・④営業障害・⑤環境障害、について説明するには、以下のビル風現象図解が恰好の教科書なのです。基本的には、風の強さを表すものと乱れの強さを区分けして紹介します。

　風の強さを代表する現象には、**図16**に見られるような剥離流の収束やその下降現象による強風、建物にぶつかって行き場が無くなったとき高所から下方に降下してくるDown washによる強風、**図17**の剥離流の収束を助長する谷間風（2棟間の流れ）による強風、そして剥離流と相異なる要因の**図18**のピコティー風（シリーズ1-［10］参照）による強風や街路風があります。とくに**図19**のように風上に低層の建物が加わるとDown washは縦渦（Standing vortex）となり強さが激化します。

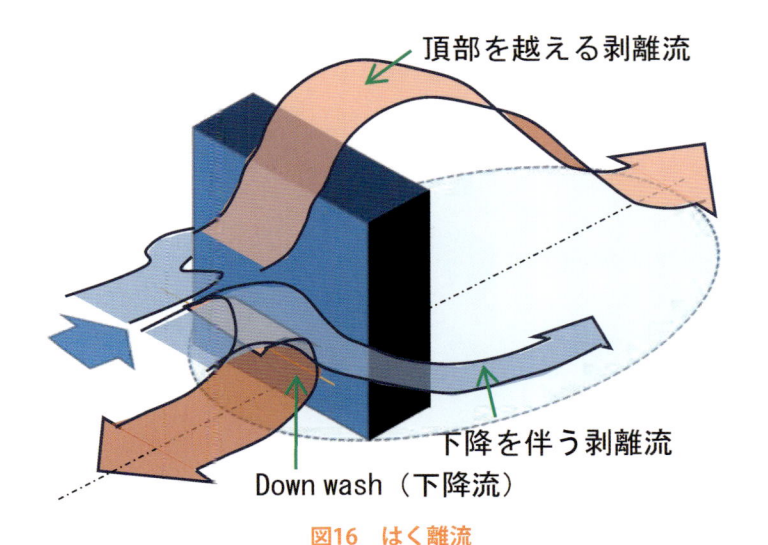

頂部を越える剥離流

Down wash（下降流）

下降を伴う剥離流

図16　はく離流

谷間風

図17　谷間風

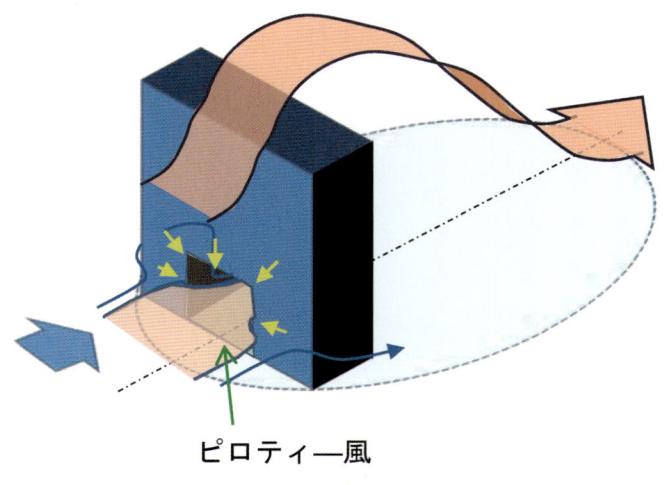

ピロティー風

図18　ピロティー風

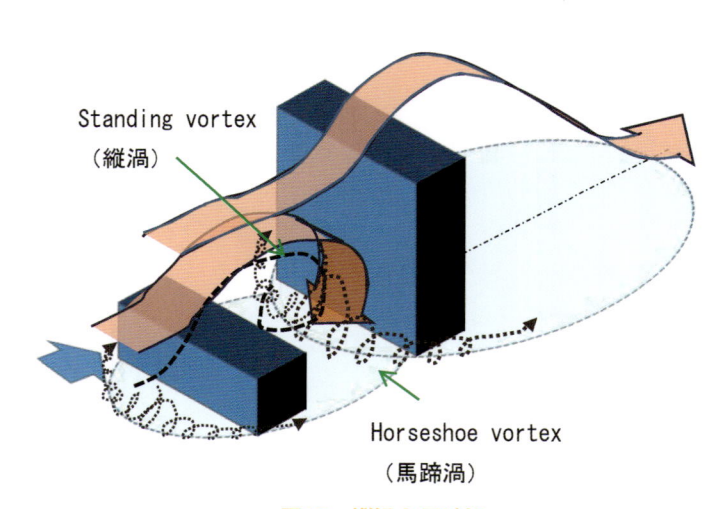

Standing vortex
（縦渦）

Horseshoe vortex
（馬蹄渦）

図19　縦渦と馬蹄渦

　つぎに、乱れによる現象ですが、乱れの強さを云々する前に乱れとはどんな現象かを理解しておく必要があります。簡単な例えで言えば、大小の泡立ち（Bubble）が風で流されて造られる前後・上下・左右の波動（Wave）と考えたらいかがでしょう。要は、強弱を伴う"風の息"を表しています。もっと興味ある方はシリーズ1－［21］やシリーズ1－［38］を参照してください。

　改めて、乱れの強さを代表する現象を並べると、**図20**に示すような入射風の乱れ、剥離せん断層の乱れ、カルマン渦の乱れ、さらには**図19**の縦渦、馬蹄渦、そして**図21**の後流渦です。これらの渦は、合流したりして増強されたりします。

a) 入射風の乱れ（レーザーシート分析）

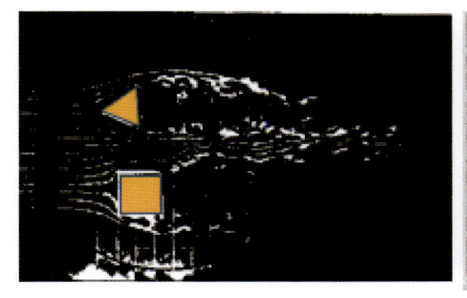

b) 剥離せん断層の乱れ（煙実験）

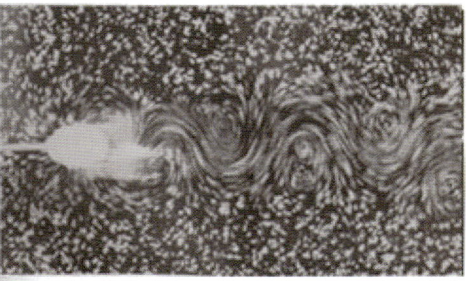

c) カルマン渦

図20　風の乱れ

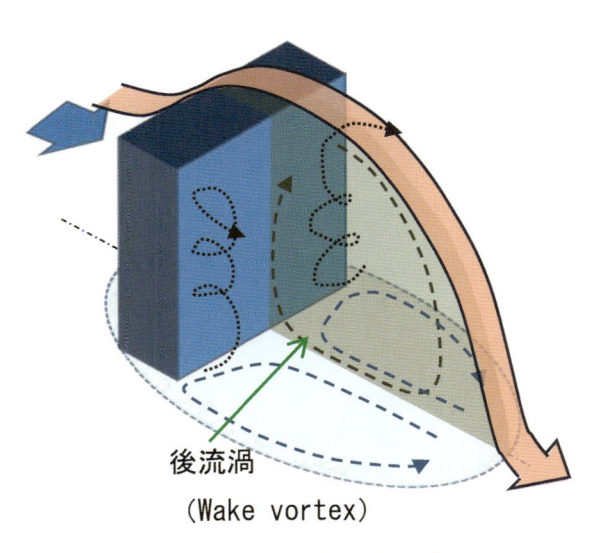

後流渦

（Wake vortex）

図21　交流の乱れ（wake）

　以上のようにビル風は、いろんな現象を複合した現象のため、加速したり減速したりして人間の活動を妨げるのです。十分に遊べたでしょうか？現実から逃避しては何も生まれません。遊んで楽しむことですべてが解決するように思います。

第 2 章
ビル風問題の側面を探る

2-1　人間の欲望

　今日は、吾Nick様が出てこなきゃ始まらないの！人間のことを語るには吾しかいないと言われノコノコと出てきたのよ。この歳（15歳）になると吾の欲望はひたすら食うしかないのです。でも、こんなこと言っちゃなんだけど、人間様なんて強欲この上ないよ。さらに吾は時に電柱にオシッコかけるけど、人間様はもっと倫理観に欠けること平気でやっちゃうからね。お金より大事なものがあると一度はそういう想いに至った時もあったろうに、人間の業とはこれほど醜いもの、それこそは欲望かも知れません。人間の欲望って果てしないもの、「ゴネて」・「ゴネて」勝ち取ったもの、それは不安を払拭するための代償に過ぎないのかもしれません。"なんちゃって！"今日は人間論、ニーチェを語る日ではなかった。

図22　愛犬NIck

　本題に入りますか。
　図23は、ビル風紛争の発生から建設実施に至るフローチャートです。問題解決のための道具については、この講座において順次披露していきたいと考えておりますが、それを評価し利用していくのは協議の場所に居合わせる人間なのです。単なる噂や恐怖だけに惑わされることなく、正眼を養うよう努めていただければ、計画されている高層ビルの周辺環境は必ず住みよいものになるはずと信じます。
　図24は、一風向から風が吹いたときの建設ビル周辺の風の強弱を表しています。言いたいことは、全ての場所で強風が吹くわけではなく、風が弱くなる場所もあるということです。ただ、弱くなることを"善し"としている訳ではなく、全てに裏と表があるようにビル周辺には強風域と弱風域があり、愛と憎しみとは喩えられませんが満足と我慢が共存するのです。

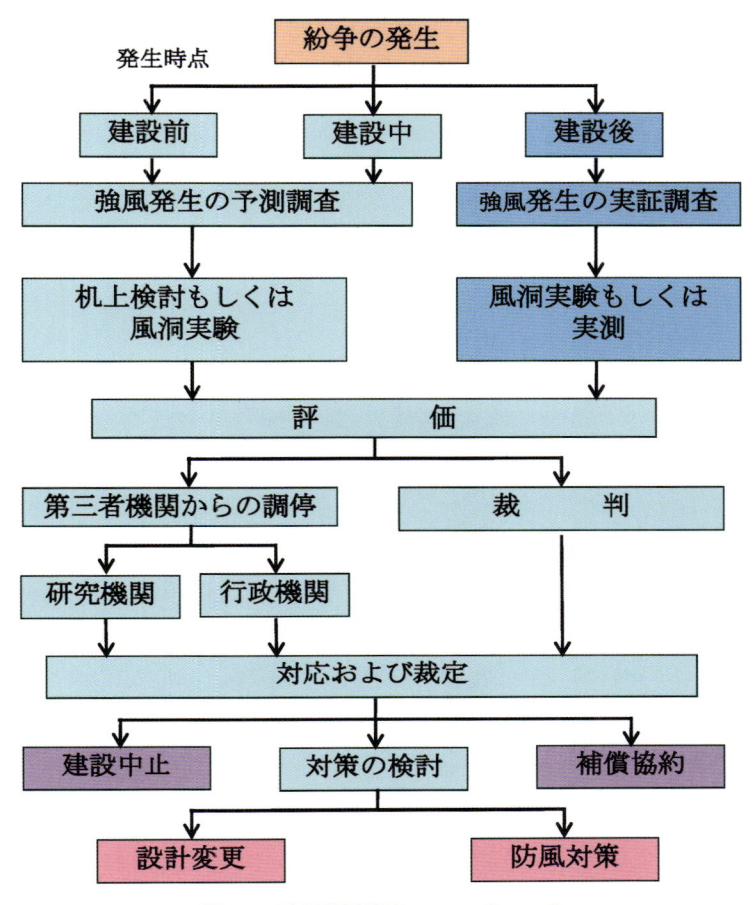

図23　ビル風対策のフローチャート

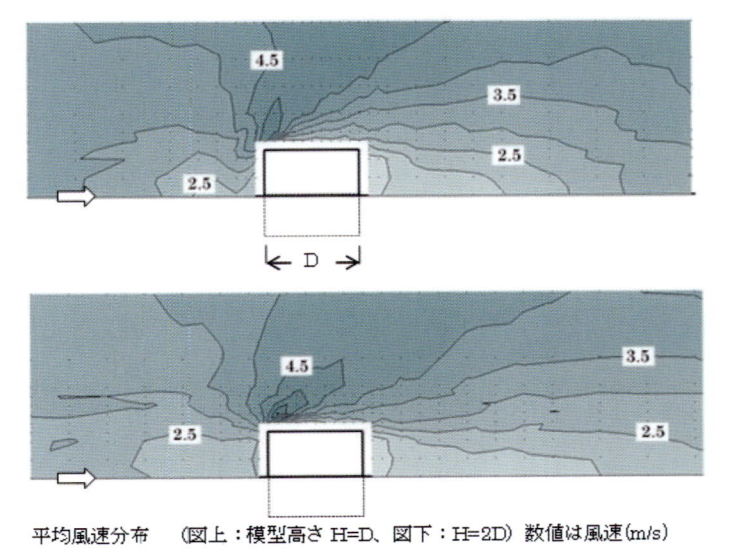

平均風速分布　（図上：模型高さ H=D、図下：H=2D）数値は風速（m/s）

図24　ビル風の強さ分布[10]

　もう一つの例が**図25**です。これはある高層団地計画でのビル風検討です。結果は、建設前後の風速比（建設後の風速／建設前の風速）ですが、この風速比は1.0以上の区域が全て強風となるとは限りません。これは計画建物が建設されることによる単なる影響の割合であって強風地帯ではないからです。先の第1章1−3のビル風の悪戯でもお話したように、障害は発生する風の強さにのみ関係するのです。

　要は、人々の生活空間がビル風によって阻害されるかどうかは、その発生しる風が満足できるものなのか、不快と感じるのか、はたまた危険と感じるのかは、風の強さの他に風の発生頻度によって大いに左右されるからです。さあー、この講座を通して解決の道を探って行きましょう。皆さんに期待しています。

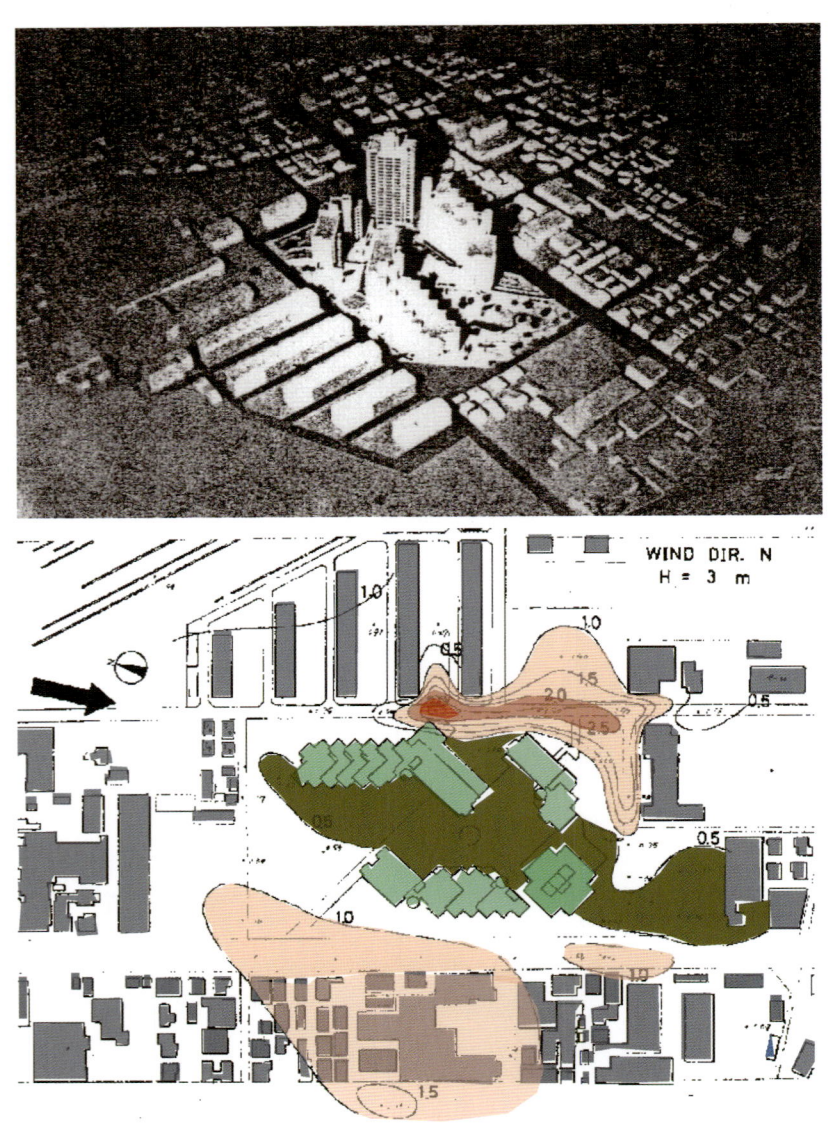

図25　建設前後の風速比（影響の割合）

2-2　既得権の行使

　大都会もほんのこの間までは平原でした。東京も関東大震災や大戦の空襲によって一面焼け野原が現在の大変身です。でも大都会自身も永い間そのままでいると飽きてくる。近ごろあの美しいパリもいたる所で再開発が進み模様替えをしています。ときたま無粋な高層アパートがパリのスカイラインを乱しますが、それなりに調和しようと努めているのが分かります。なぜなら、パリは自ら景観を守ろうとしているからです。日本の都市は如何ですか？

図26　パリの再開発

　町は、年月とともに変貌していくのは、人間に富や科学という道具が備わっていくにつれ古きものから新しいものに衣替えをしたくなる、それが自然の摂理かも知れません。一方で、そうした中に平穏を感じると、それが当たり前のようになって安住してしまう方もおられるのです。そして、一度得た環境を失いたくないという気になるのです。まるでカントの純粋理性批判気取りになっています。

　2020年に東京オリンピックが開催されます。国立競技場の建設問題も、私からすれば新旧の根っこは同じように感じ取れます。元東京帝国大学教授の寺田虎彦（物理学者）が曰く、「天災は忘れたる頃来る」でしょうか。彼は、「人間も何度同じ災害に会っても決して利口にならぬものであることは歴史が証明する。そうして昔と同等以上の愚を繰り返しているのである。災害の生じた主な原因は、市民の非科学的恐怖にある。（岩波文庫）」と申されています。この比喩、お分かりになりますでしょうか？

　そうそう今日のテーマは既得権（Vested rights）の話、具体性を持たないと理解してもらえないですよね。

　最近、TVで歴史的建造物に隣接してのビル建設が問題にされています。法に抵触していないし役所の許可も得ていると主張する建設サイドと折角の景観が損なわれるとの住民サイドの主張のぶつかり合いです。どちらも既得権を盾にしています。ビル風紛争もこれに似ているとは思いませんか。どちらも譲ることを忘れているようです。もちろん両者が既得権益を

守ろうとするのは当然の行為であって、納得するまで話し合ったらいいと思います。ただ、利権に群がり漁夫の利を得ようとする人もいることも念頭に入れとかなきゃ。

　ビル風は常にカオス（Chaos：混沌）の中にあります。それは、現時点において被害者的であっても加害者の立場になることも多いのです。そのときは、気まずいですよね！現在の東京は、**図27**のように住宅地が樹木の枝分かれのように拡散したフラクタル密集都市となっています。大震災の際は全く無防備と言っても過言ではありません。これら地帯はいずれ防災という名目で再開発され、次から次へと加害者を造っていくのです。

図27　東京の住宅密集地(Google Earth より)

　図28は、新宿新都心のほぼ完成形です。最初は、京王プラザーホテル、次いで住友三角ビル、三井ビル、・・・、都庁舎と建設されるにつれビル風は変貌し続け、被害者から加害者へと移り変わる様をいみじくも示しているのです。既得権を行使するということは、そういうことだと私は思っています。建築家の役目とは何でしょうか？ただ、かっこいい建築を創りたいだけ？この考え方、独善的でしょうか？

図28　新宿新都心

2-3　法律のない裁判

　今日は裁判官になったつもりで受講してください。もっと現実的に申し上げると、ひょっとしたら裁判員として招請されるかも知れませんから。その時、皆さんは有罪・無罪、是・否の判断を下さなければならないこともあり得るのです。深刻なのは、ビル風を云々する法律が無いのです。なにせ倫理（Moral）の世界での判断が必要になるのです。重苦しそうなテーマですがビル風問題に関しては一番大事なところかもしれません。

　このところ巷では憲法9条改正論議が報道されています。土台、憲法や法律は、その時代の背景によって定められてきたものなので、国民意識によって左右されるものです。従って、その取り決めは絶対的なものであって、明らかに背いた場合には束縛され、代償を払うことになります。建築で言えば、建築基準法、同施行令、告示、および通達、そして地方自治条例に至っては遵守しなければなりません。

　裁判は、法あるいは前例に照らし合わせて公正に判断する。背徳行為を裁くには、確たる事実に基づかねばならないほど重いものなのです。法を施行するには、犯罪で言えば人を殺める、物を盗むなどにおいても現行犯とか確実な物的証拠が必要となります。こと、ビル風に関しては気まぐれな自然を相手にすることから、恒常的な証拠を掴むことは極めて難しいのです。ただ光明があるとすれば、物証を掴んだ時だけです。例えば、風を観測中に家屋が風圧で倒壊したとか、屋根瓦が飛ばされたとかです。

　第1章1－3の「ビル風の悪戯」で紹介した被害の続きとしてお話します。さほど強くない突風で自転車が転倒し（運よく人命被害には至らなかったことを幸いとしても）万が一ヨロメイて対向車とぶつかったとき、目撃者がいたとしたら大事です。ビル風現象を明らかにすることは現在の技術では可能ですし、発生する強風の確率的予測もかなりの精度において提供することもできます。しかし、残念ながらビル風障害が確実に問題とする地点で発生すると予測するのは至難の業なのです。巨大台風が襲ってきたら、**図29**のように跡形もなく廃墟のようになる始末、ビル風被害も災害として一括りにされそうです。

図29　突風被害

　図30は、新宿新都心でのビル風観測の情景と結果を整理した風速分布です。風の強さの結果は、風速分布での通りに得られますが、障害立証のためには多大の時間と費用が求められます。私は裁判が嫌いです。なぜならビル風裁判は不毛の戦いになるからです。裁判までして争って欲しくないのが本音です。

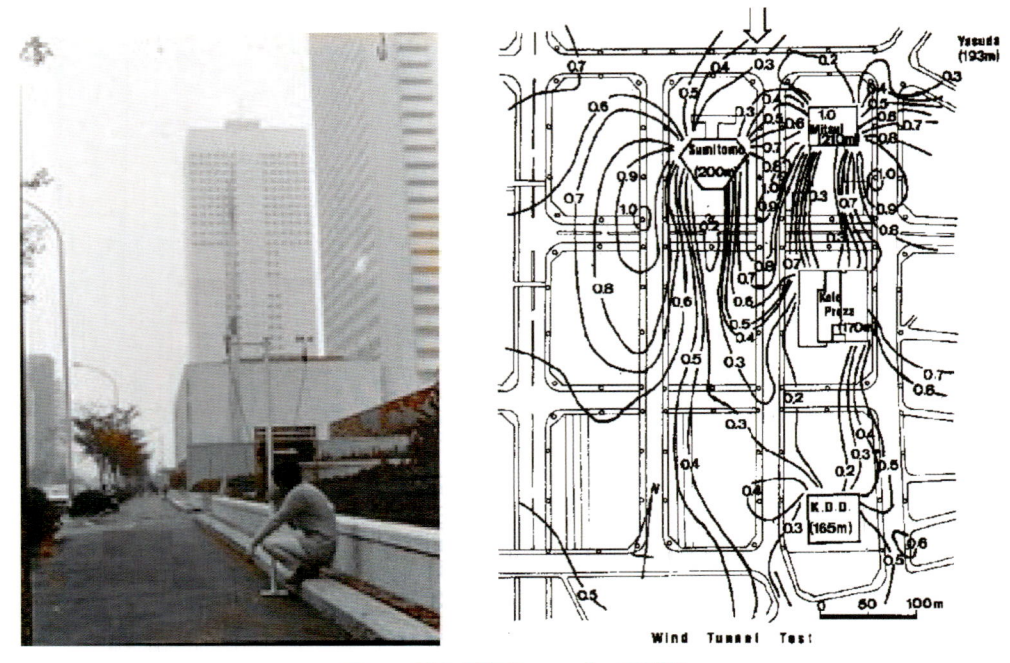

図30　新宿新都心でのビル風観測

　図31は、カナダ・オンタリオ大学のA.G. Davenport教授により提唱されたビル風評価基準です。建設建物周辺で予測された風環境が、このような評価基準に照らし合わせて改善の方向に持って行くことが最重要課題のように私は思います。

A.　G. Davenport の評価基準

活動	適用の場所	快適性との相関			
		快適	我慢できる	不快	危険
1. 早足で歩く	歩道	5	6	7	8
2. 立っている、スケートしている	公園、スケートリンク	4	5	6	8
3. 立っている、座っている（短時間）	公園、広場	3	4	5	8
4. 立っている、座っている（長時間）	戸外レストラン、野外音楽堂、野外劇場	2	3	4	8
容認性に関する代表的基準			<1／週	<1／月	<1／年

図31　Davenportのビル風評価基準[11]

2-4　迷走する条例

今日はこのようなタイトルを選んだことで、私自身も頭が迷走しております。38年も前、私の若かりし頃に東京の某自治体の建築課に請われてビル風のLectureをすることになりました。その後、某区ではそれが切掛けでビル風取扱要綱の施行に至ったことを思い出しています。間もなく、各自治体でビル風条例の起案が出され、一定以上規模の建物では建築主に風洞実験結果報告を要求する建築指導要綱が作成され、建設サイドからの猛反対があり、新聞紙上にてひと騒動が起きました。

そう言う訳で、このか弱い心臓の持ち主としましては、ちょっと後悔と混乱の境地にあります。このような精神状態を払拭するには、若気の至りと割り切ることはできず、やはりこのテーマについて真摯に向かい合わなければと考えています。

さて、条例と言いましても、都道府県の条例（A prefectural ordinance）と市町村の条例（A municipal ordinance）とはだいぶ趣が違いますが、私の理解では、条例はもっと厳格なもので、憲法94条により地方自治権に基づいて制定された法（Regulation）の範疇と認識していました。と言うことで、ビル風は内心条例には相応しくないと考えていたところにこの報道でした。お察しください。諸外国では、基準（Criteria）に留めているところが多かったように思っています。

近年、東京都環境アセスメントなど、都道府県や市町村を問わず各自治体において風環境影響評価等に関する条例としてビル風の調査項目・予測手法・評価方法についての事前報告が求められるようです。図32は、代表的な自治体の要求項目を整理してみました。自治体に

風環境影響評価要綱の比較

自治体	調査項目				予測方法			評価方法
	風の性質	手法			予測事項		予測手法	
	地域特性・地形の影響	地域風規準風上空風	周辺地点の風（地表付近）		風向・風速・最大風速	出現頻度	風洞実験・CFD・既存データ・その他	評価指標他
東京都	○	○	風向　風速　最大風速		○	○	規模・状況に応じて組合せ	村上　風工学　その他の知見
		実風	強風の発生場所・頻度		風速比	年間	選択	評価の指標を勘案・環境変化の程度
横浜市	○	○	風向　風速　―			把握できる期間		予測結果を環境保全目標に対比
	既存資料収集・関係機関のヒアリングで補完				適用範囲・諸量の数値・計算過程を明記			事後調査・アンケート
大阪市	○	○	風向　風速　気温		○	把握できる期間	組合せ	村上　事業実施前後の検討
	現地調査により状況を把握				実施対策・気温の変化への影響			風系の変化が周辺に影響しない
名古屋市	○	○	強風の発生		○	2年間	勘案	周辺環境への低減措置
京都市	―	○	風向　風速　その他		○		選択	
神戸市	○	○	風向　風速　実風率		風速比分布		勘案	
	強風の発生場所・規準風との関係							
広島市	○	○	状況把握ができるように		風速比	適切期間	勘案	他の自治体を参考
仙台市	○	○	風向　風速　頻度		建設前後比	年間	勘案・現地調査、保全対策	影響回避・低減の有無

＊注記　○：記載項目を含む、選択・組合せ・勘案：記載項目から選択する・組み合わせる・勘案する、
　　　　風速比：増加率（建設前後比）など

図32　ビル風に関する自治体条例の現状

よってこれほどまでの違いを示しています。どうしてでしょうか？

　ビル風による影響は、前章1-3「ビル風の悪戯」での講義のように、物理的にはその影響は地域的にさほどの違いはないはずです。もちろん強風地域と無風地域で育った人間の風に対する受け止め方の差異は許容するも、これには私もいささか、"My brain is confusing" ということで迷走しています。この条例の要求を満たせば、免罪符を得たということでしょうか？これで本当にビル風紛争は無くなるのでしょうか？

　僕のナイーブな心ではこの事実を受け止めることが出来ないのです。私がビル風裁判を嫌うのはお判りですか。是非、話し合いの解決を望みます。もちろん、これには情報の共有が求められることは言うまでもありません。今日は真面目な講義でおわることが出来ました。次回からは、ようやくビル風の予測手法に入れると思っています。

第3章
ビル風との付き合い方を知る

3-1 土地柄を知る

　ビル風とお付き合いするには、生まれ育った土地柄を知らなきゃ、後悔しますよ。何せ、気まぐれの風ですので、ギスギスしたり大らかになったりの気性の違い、それはまた暑くなったり寒くなったりする、まさに都会と田舎と一括りにした風土の違いが、受け止め方、言い換えれば許容力、法律的には受忍性にまで影響する厄介なビル風です。

　それでは、襟を糺して、この違いを作り出す要素を項目的に分類してみましょうか。

（1）気象的要素：

　台風、春一番を含む季節風、朝夕の陸風と海風と幅広い。そう言う風の強弱によってビル風の性質も変化します。風の発生メカニズムについてはシリーズ1－[1]で触れたので思い出すか見直してください。要は、風は気圧差や温度差が作り出す空気の移動ですからその格差が大きければ強い風となるのです。

　さらに、気温・湿度は体感温度に影響し、風が吹くと気化熱を増進させ、寒さを一層感じさせるのです。逆に風が吹かないと、夏の蒸し暑さから逃れることが出来ません。

（2）地方・地域的要素：

　風の強さが異なり、強風地域を生み出します。これらは日本建築学会に提示された風速マップ（日本地図上に描かれた等風速線図）で解ります。また、都会や田舎などの地域性によっても風の強さや乱れが相違し、ビル風を作り出すメカニズムに影響します。

（3）用途的要素：

　商業地や住宅地は、高層建築と低層建築の差異による風の流れの違いはもちろんですが、生活する住民の気質にも変化を及ぼしビル風の捉え方が違ってきます。

（4）地形・地勢的要素：

　崖地、傾斜地、谷あい、川沿いなど風が加速される環境は、ビル風を平地のそれと比較して数段に強風へと変えやすくします。

　ビル風ごときに、こんなに多くの土地柄による影響について多重的に考えるなんて至難の業です。そう言う訳ですから、これらを一括りにして解決できる筈もないのです。それだけに人の心や真摯に取り組む姿勢が大事なのであり、数値だけで結論を出してはいけないのです。

　これまで土地の風を知るのに都合のいい道具が用いられてきました。それは、風向別風速発生頻度分布図、すなわち風配図（Wind rose）や強風発生確率などの統計量です。ビル風を考えるには、建築の崩壊に至らしめるめったに遭遇しないような暴風（100年に1回吹く風）とは異なり、それより弱くて頻繁に悪戯をし、活動を阻害する身近な風が人々を不快に感じさせ、

許容できないとするのです。では、土地の風を知る具体的例によって考えてみましょう。

　図33は、管区気象台の所在する札幌・東京・大阪・福岡・那覇の地域写真です。同じ都会でも建物の密度が異なることがわかると思います。

札幌管区気象台

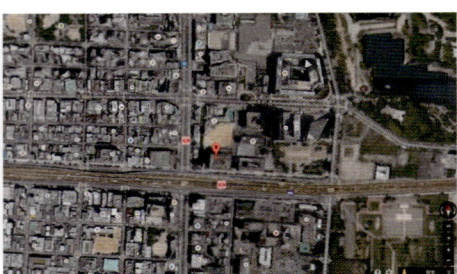

大阪管区気象台

気象庁測候所

福岡管区気象台

那覇管区気象台

図33　代表的な管区気象台が所在する周辺状況（赤点が測候所の位置）
（Google Earthより）

　また、**図34**は、ワイブル分布（Weible distribution）に準じて求めた上記の気象台で異なる風速計高さの風速を、同じ目線で比べるために地上10mの風速に換算して求めた風速超過確率分布です。合わせて、週1回・月1回・年1回の頻度を示し、各気象台でのそれぞれの頻度による風速の違いを表しています。

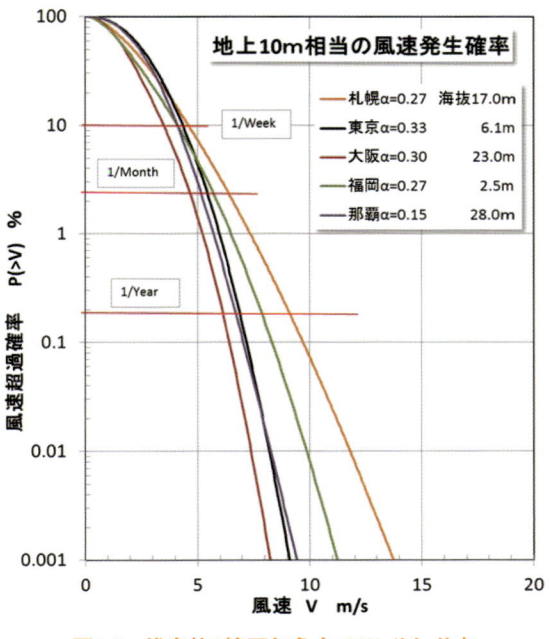

図34　代表的5管区気象台のWeible分布

　最後の**図35**は、3種の頻度に対する風向発生頻度であり、各頻度における発生風速とそれぞれの発生風向を表しています。同じ都会でもこんなに地域風の相違があるのです。如何ですか？　土地柄と風の関係についてご理解できましたか？

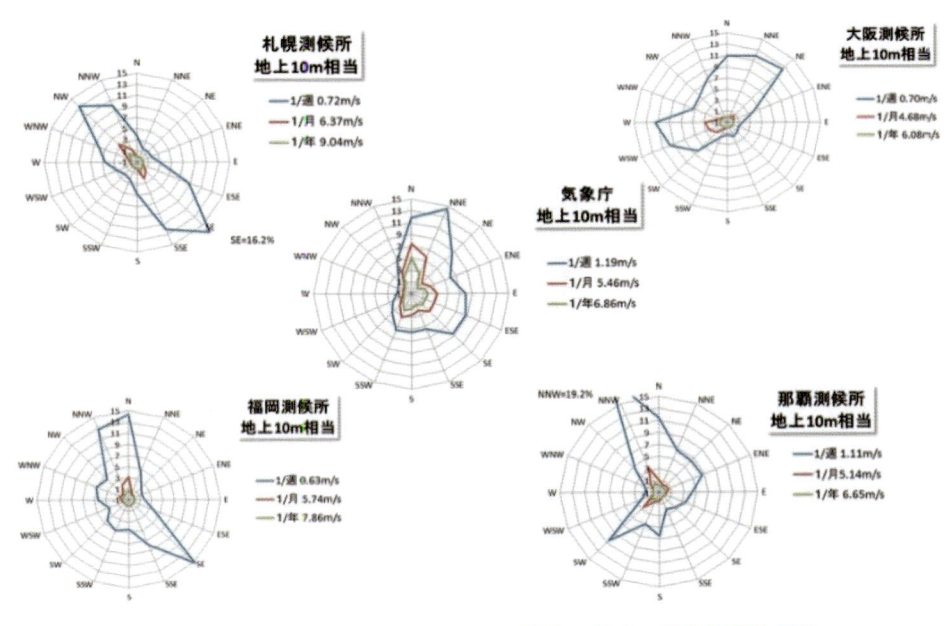

図35　1回/週、1回/月および1回/年の頻度に対する風向別発生頻度

3-2　性格を知る

　強がりを見せる人ほど臆病だったり、魂胆がある者ほどやたらに近しく擦り寄ったりするものです。なぜこんな不愉快な喩を出す必要があるのでしょう。それは、心底、相手のことを知って初めて真面なおつき合いが出来るということです。今日の講義は、とことんビル風の腹の内を抉り出して見せるという意気込みです。

　ビル風を制覇するには、anyway、覚悟が必要なのです。この講義の出だしは、不意打ち的ですね。かって学生のころ、恩師（小野新先生）に教わった大人のジョークで、「OLを何と呼ぶ？」のへ、突然驚かす（角でワ）という解に驚愕、私も学生に使って大うけしたものです。そうです、今日は不意打ちの話からスタートです。

　第1章1-4においてビル風の代表的な現象を紹介しました。剥離流、谷間風、ビロティー風、下降流、そして派生する縦渦などの乱れです。この現象は常に持続的に形成されている訳ではありません。自然風は、一定の風向から吹く風洞の風と違い、上下・左右から不規則（専門用語ではランダム）な方向に吹く非定常な風なのです。物理界の非定常性は予測がつきません。一定の波動が突然発散する、すなわち跳躍的現象を創り出すのです。それは、まさに高次微分方程式（ナビエ・ストークス方程式）の解の世界です。

　図36は、新宿新都心に建つ超高層ビル（住友三角ビル）が描いた一瞬の通り雨剥離流線図です。これは煙実験で得られる流線のプロトタイプです。驚くことにこの流線の内側は風が弱く、外側は猛烈な風が吹いているのです。目に見えないバリアー（閾）があるので、歩行者は不意を打たれてよろめいたり転んだりするのです。

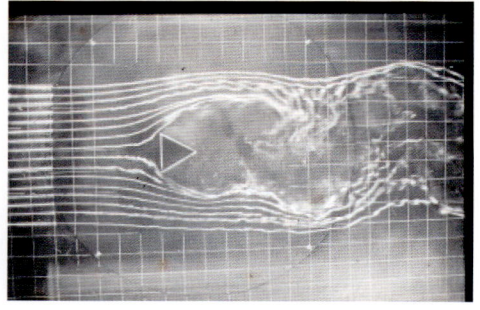

図36　通り雨による流線図と煙実験比較

　図37は、この風環境を風洞実験で調べたもの[12]で、風の強さと乱れが複合的に発生していることからお解りと思います。

建物周辺の風速・乱れ・ガストファクター　　　　$G=1+g \cdot \sigma$

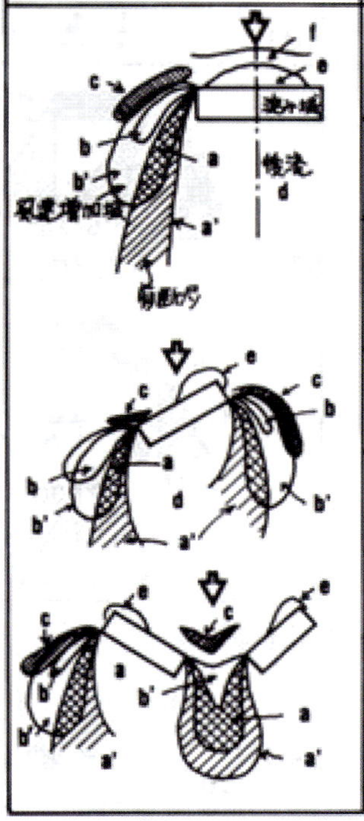

領域	変動波形	風速比 $r\ (U/U_s)$	乱れの増減 $s\ (\sigma/\sigma_s)$	ピークファクタ g	突風率 G
a		≧1.0	1.4〜1.8	2.5〜3.0	2.0〜2.5
a'		≦1.0	1.0〜1.4	3.0〜3.5	2.0〜3.0
b		≧1.1	0.8〜1.0	3.5〜4.5	1.4〜1.6
b'		≧1.0	0.9〜1.2	3.0〜3.5	1.5〜1.7
c		≦1.0	0.9〜1.2	2.5〜3.0	1.6〜1.8
d		≦0.6	0.6〜1.0	3.5〜5.0	3.0〜6.0
e		≦0.5	0.8〜1.0	3.0〜4.0	2.0〜3.0
f		≦0.8	1.0〜1.2	3.0〜3.5	1.8〜2.5

図37　風洞実験によるビル周辺の乱れと突風率[12]

　では、剥離流やピロティー風、そして風上側の下降流（Dawn wash）が織りなすビル風の強さがどこまでのものかお分かりですか？

　図38は、剥離流のコーナ付近で発生する最大風速比[13]R_H（ビル高さ相当の風速との比）を、また**図39**はW. Melbourne教授のピロティー風[14]、そして**図40**と**図41**は、それぞれA, F.E. Wise博士[15]と前出Melbourne教授[16]による風上側に低層建物の存在による下降流の増速効果を表してます。荒っぽいですが、剥離流で言えるのは、地上では屋上風速と同等の風が吹くのです。

　以上はピンポイントの風ですが、実際はその剥離流の増速が無限に広がりを持っているのです。その広がりを剥離流による強風領域[13]として**図42**で説明している。この図は、建物の高さ・幅・奥行き・風向の変化によって強風領域の大きさが変わる状況を表しています。最

後の**図43**と**図44**は、これらの結果をベースに提案したMaruta-Method[17]による風向別風速分布の作図結果です。

　突然のデータ量でした。最後まで驚かせてしまいました。

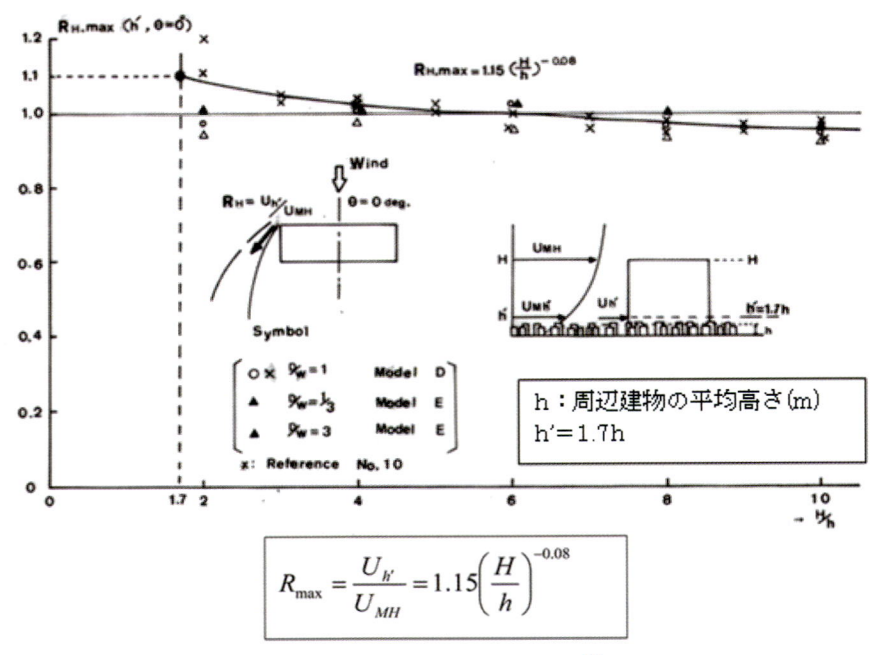

$$R_{\max} = \frac{U_{h'}}{U_{MH}} = 1.15\left(\frac{H}{h}\right)^{-0.08}$$

図38　はく離流の最大風速比[13]

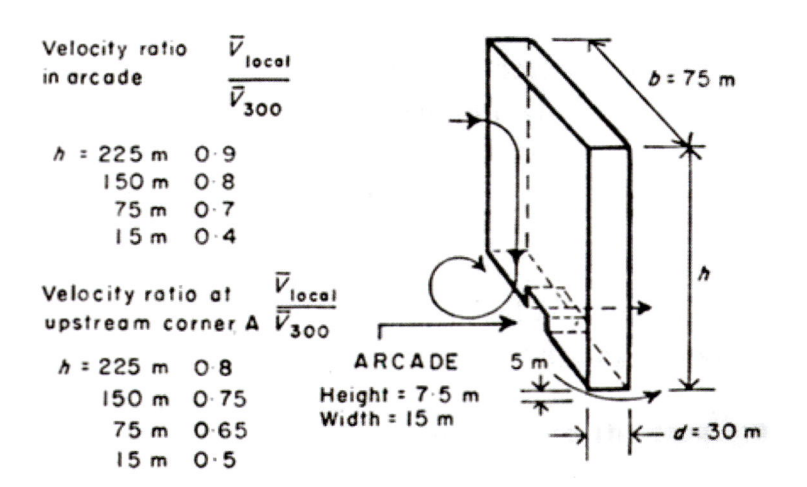

Typical ground level wind speeds induced in an arcade and near the corner of a building as a function of building height.

図39　ピロティー風の風速予測[14]

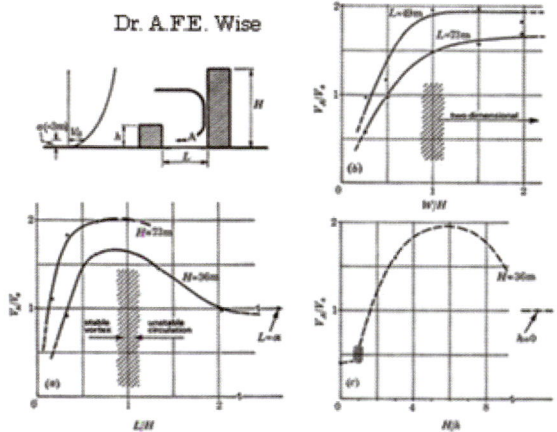

$$\frac{V_A}{V_a} = 0.24 \cdot \left\{ 1 + \left(\frac{H}{a}\right)^{0.28} \left(\frac{L}{H}\right)^{0.4} \left(\frac{W}{H}\right)^{0.4} \left(\frac{H}{h}\right)^{0.8} \right\}$$

$$\frac{V_A}{V_H} = 0.24 \cdot \left\{ \left(\frac{a}{H}\right)^{0.28} + \left(\frac{L}{H}\right)^{0.4} \left(\frac{W}{H}\right)^{0.4} \left(\frac{H}{h}\right)^{0.8} \right\}$$

図40　風上側の下降の予測[15)]

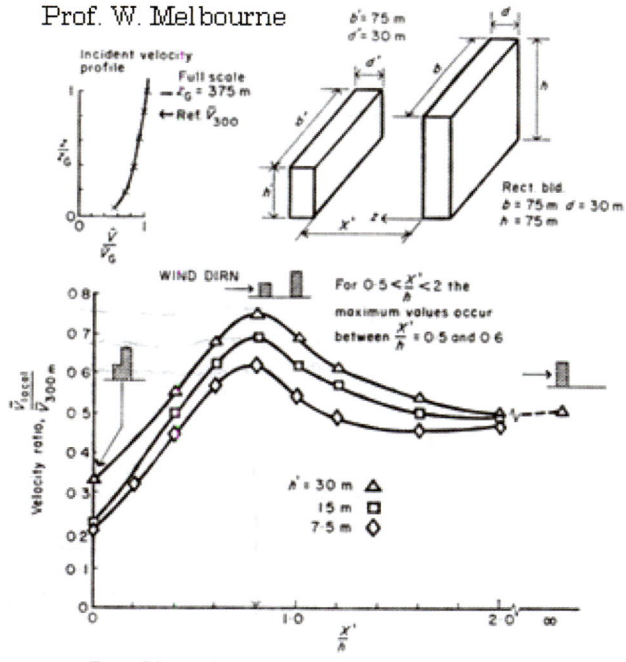

Ground level wind speed measurements in front of a large building being affected by a lower upstream building

図41　2棟間の風速性状[16)]

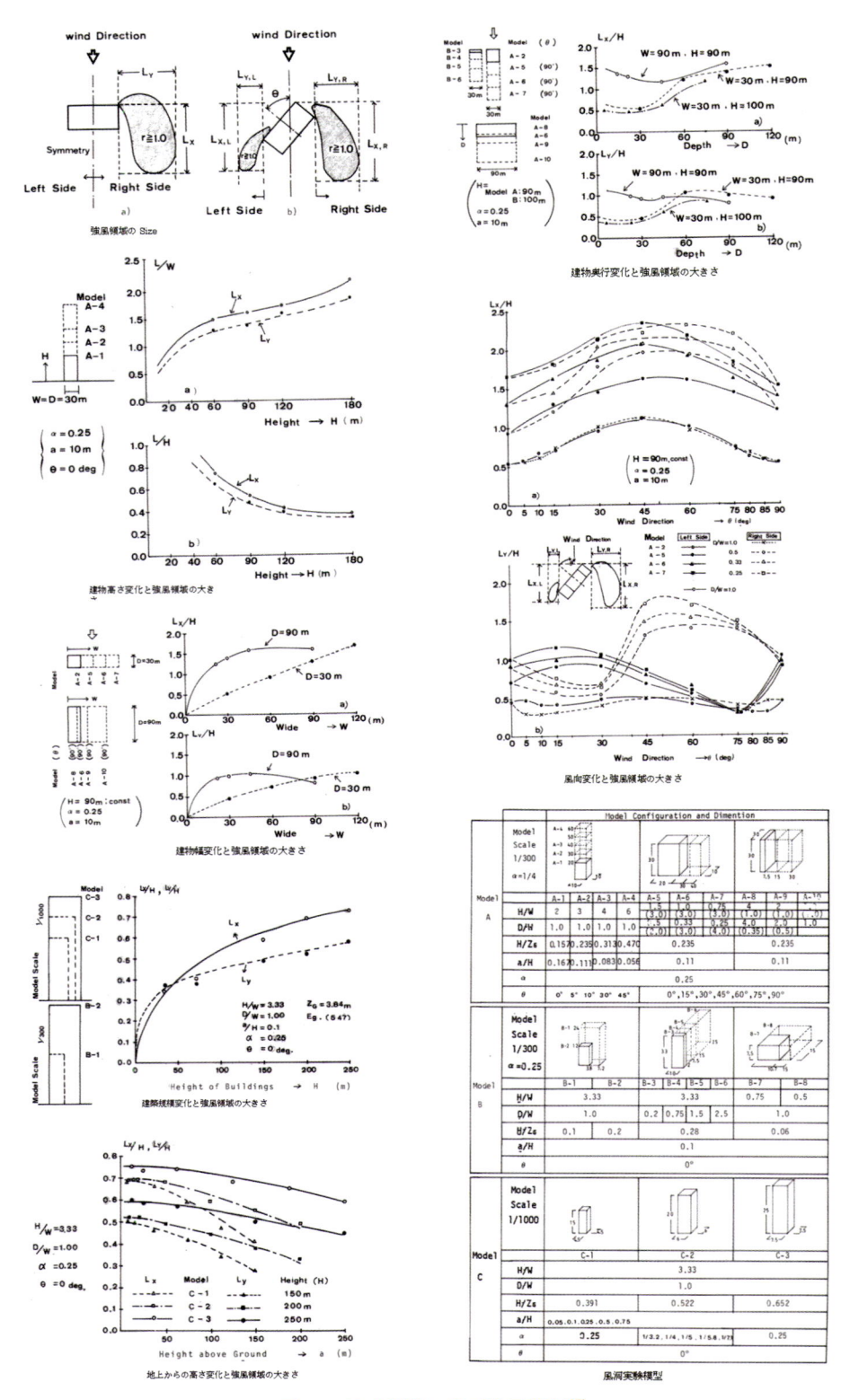

図42　はく離流による強風領域[17)]

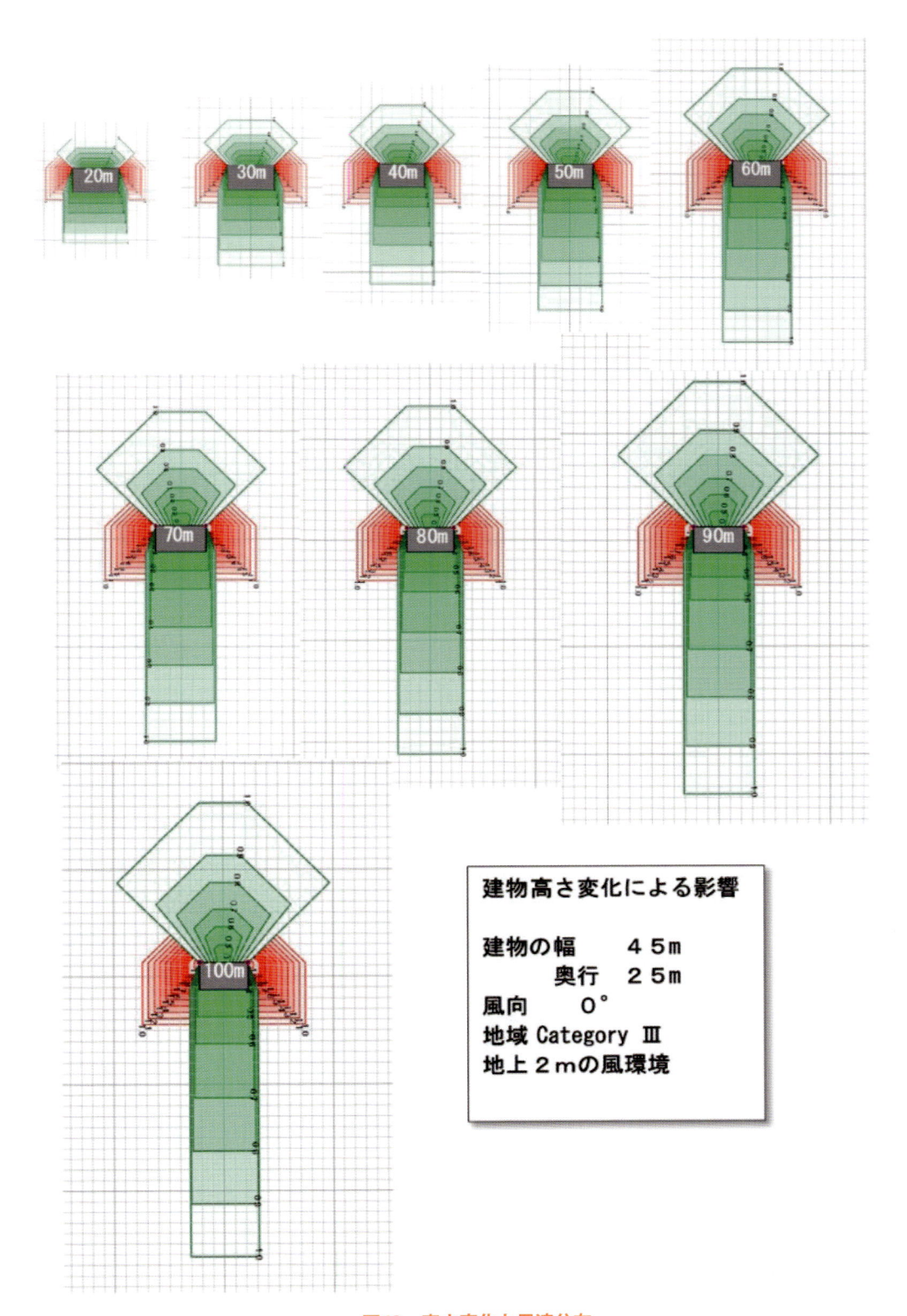

建物高さ変化による影響

建物の幅　　　４５ｍ
　　　　　　奥行　２５ｍ
風向　　　０°
地域 Category Ⅲ
地上２ｍの風環境

図43　高さ変化と風速分布

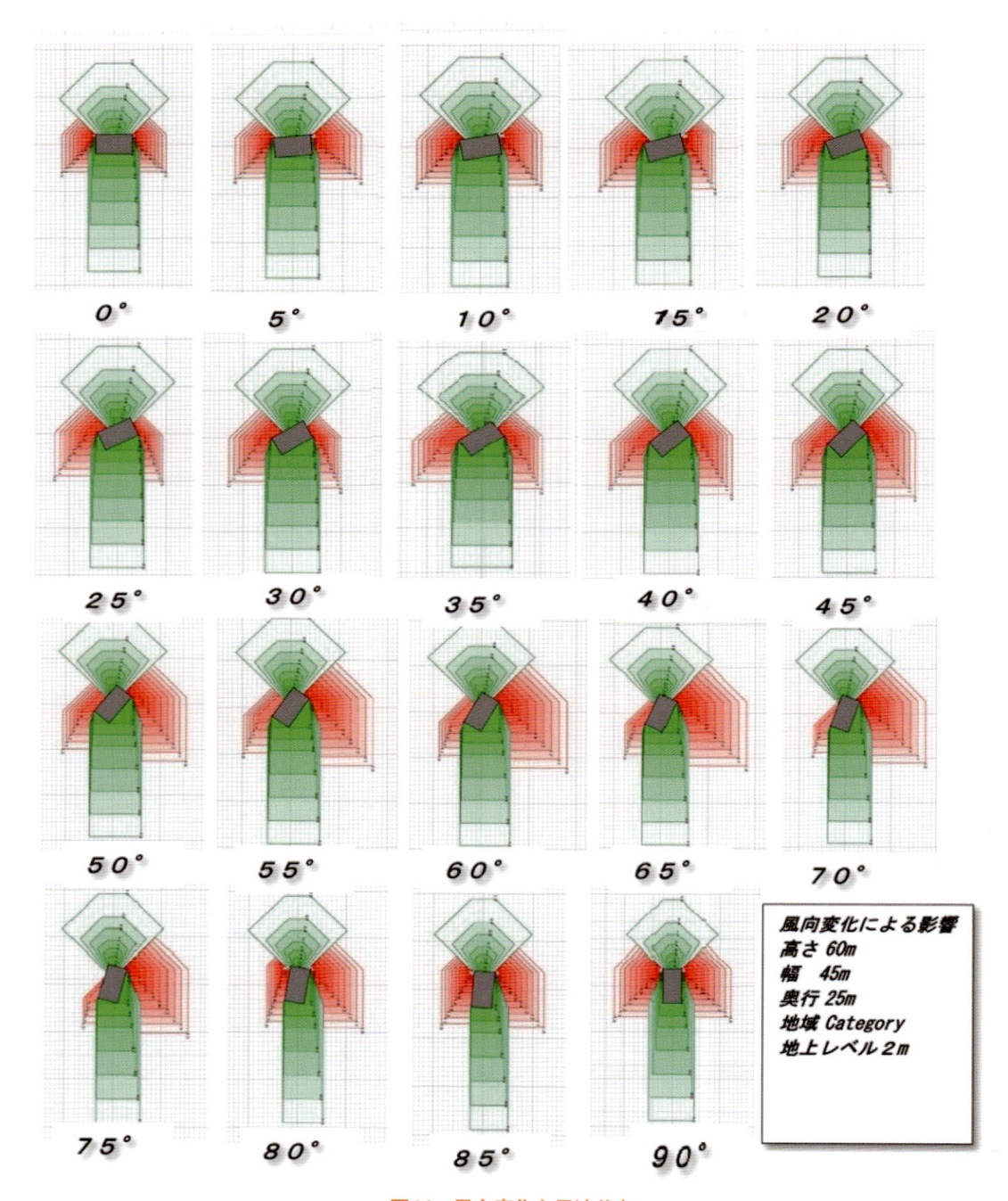

図44　風向変化と風速分布

3-3　日頃の心構え

　絶えず袖にされることを気にかけていたらタマッタものではない。突拍子もない出だしです。何しろ今日の講義内容は、どれだけの割合でビル風の被害を受けるかです。それによって問題と考える地点の環境の是非を問う訳です。常時、危険な風が吹いていたらタマッタものではありません。ようやく着地点が一致しました。話を本筋に戻します。

　ビル風評価基準に日最大瞬間風速という指標があります。例えば、日最大瞬間風速15m/sが年に13日以上吹く環境を問題とする評価があったとすれば、それは不特定の誰かがビル風が発生すると予想される特定の地点で少なくとも年に13回以上遭遇する環境であることを意味しています。でも、これがまた不思議なのです。人間の活動は割り引いて1日12時間、問題とされる日最大瞬間風速が他の12時間に発生している可能性がある訳で、評価基準は倍の26日と緩めなければいけないという言い分です。要は、上記評価基準には遭遇確率の考えが含まれていない。なにか禅問答をしているようですね。

　さらに追い打ちをかけるようですが続けます。

　全く動かない家屋とか樹木は24時間選定された地点で強風に曝されている。この場合、遭遇確率は100％ですから先の13日以上という基準値は強風発生確率（頻度）そのものであり、問題ありません。しかし、歩行者は選定された場所に留まる時間は極端に短いのです。ほんの数秒かも知れませんし、老人だったら限りなく短い（その地点に行かないかもしれない）ということは明白です。それは、ひいては遭遇確率が小さくなるということを意味しているのです。そういうことから、遭遇性を考えないということは、人間が樹木であるという不思議な齟齬が生じているのです。

　つぎに、具体的に遭遇確率を考えると、**図45**のように選定した場所に特定の人が日最大瞬間風速にピンポイントに遭遇するとすれば、その確率は瞬間風速を3秒平均と仮定したとき1日単位では3秒/60秒×1/60分×1/24時間＝3/86,400＝$3.47×10^{-5}$のオーダです。

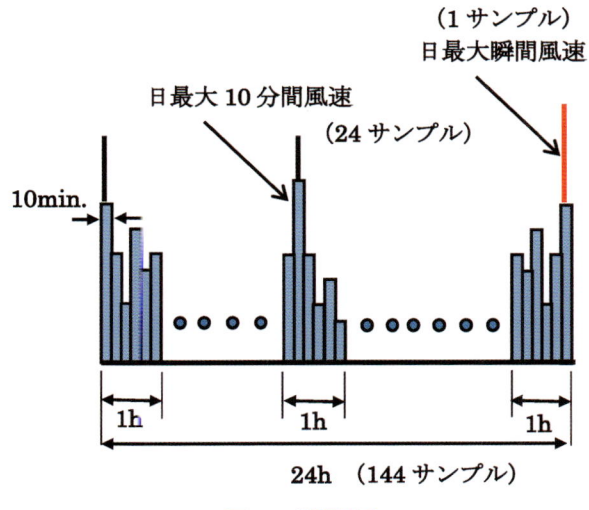

図45　遭遇確率

　そこで頻繁にその問題地点を通過する人が居る状況や強風時のアクシデントの種類や被害者の年齢などを考慮するとこの遭遇確率値が上下に変動するという理屈です。ややこしいでしょうか？

　さらに考えなければいけないのが、選定した地点の強風発生確率（頻度）です。一般に、ビル風のサンプルデータの整理にはWieble確率分布が良く合うとされています。逆に、建築構造物等の設計荷重評価に用いられる年最大風速ついては離散データを基にしたGumbel確率分布が推奨されています。図46に示した累積確率分布（非超過確率分布）C(<v)は両者の式を用いて計算した結果で対象とする風速に大きな違いがあることが分かると思います。ご覧のとおりビル風は低い風速範囲の問題（日常的問題）なのです。我が国のビル風評価アセスメントで使われている日最大瞬間風速は、非日常的離散データを何故か日常的問題として扱っているところに疑問符が残ります。

<累積確率分布（非超過確率）>

Wieble

$$C(<v) = \sum_{i=1(N)}^{n=16(NNW)} A_i \cdot \left\{ 1 - \exp\left[-\left(\frac{v}{C_i \cdot R_i} \right)^{K_i} \right] \right\}$$

<Gumbel>

$$C(<v) = \exp\{-\exp[-a \cdot (v_{max} - b)]\}$$

$R_i = V_{Z,i}/V$ ：風速比

v：確率変数　（規定した　風速値）

A_i：風配値（風向別発生頻　度）

C_i, K_i：Wieble パラメータ

a, b：グンベル確率分布係数（観測データから）

　最後に、設定した風速の風に曝されている時間がどれだけ許容できるかの割合です。低風速なら何10分でも問題にならないが、高風速だと我慢に耐えられる時間は風速増大に応じて短くなるのが道理です。

　結局はこれらの確率をすべて結合した確率によってビル風による障害発生頻度の是非を評価しなければならないのです。

　とすれば、日最大風速を指標とする評価基準は不可思議であるという理屈です。そういう意味では、強風発生確率を求める長期間の風速サンプルデータは、日最大瞬間といった離散的データではなく、連続な10分間ごとの平均風速サンプルデータを用いる必要があります。ここは、これからの改善点です。

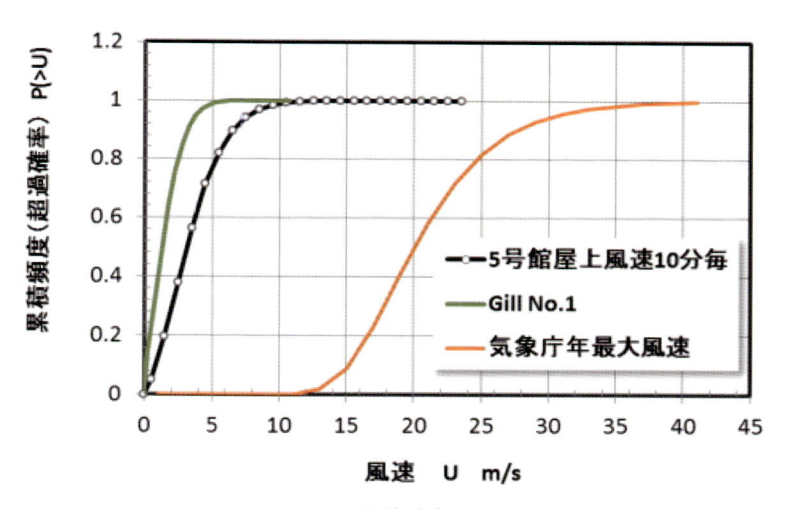

図46　累積確率分布

事象	Beaufort scale 区分 の超風速	連結確率 P	分離確率		
			Pi	Pii	Piii
受け入れ難い					
老女、自転車で吹き飛ばされる	>5	10^{-11}	10^{-8}	10^{-2}	10^{-1}
老女、歩行中吹き倒される	>6	10^{-10}	10^{-8}	10^{-2}	10^{-2}
子供、歩行中吹き倒される	>6	10^{-11}	10^{-7}	10^{-2}	10^{-2}
大人、歩行中吹き倒される	>7	10^{-9}	10^{-5}	10^{-2}	10^{-2}
建物周辺を歩行する大人、	>6	2×10^{-8}	10^{-4}	10^{-2}	2×10^{-2}
歩行者、歩いて領域を通過する	>5	2×10^{-8}	10^{-4}	10^{-2}	2×10^{-2}
領域に立っている、ドアー	>4	4×10^{-7}	10^{-3}	10^{-2}	4×10^{-2}
我慢できる					
大人、建物の周りを歩いている	>4	4×10^{-6}	10^{-5a}	10^{-2}	4×10^{-2}
歩行者、歩いて領域を通過する	>4	4×10^{-6}	10^{-4}	10^{-2}	4×10^{-2}
領域に立っている、ドアー	>3	4×10^{-7}	10^{-5}	10^{-2}	4×10^{-2}
囲まれた領域	>2	4×10^{-7}	10^{-5}	10^{-2}	4×10^{-2}
問題なし					
特定地域に採用されるはずの適正値					
市街地：南東の	>2	2×10^{-4}	1	10^{-2}	2×10^{-2}
北西の	>3	2×10^{-4}	1	10^{-2}	2×10^{-2}
都市　：南東の	>3	2×10^{-4}	1	10^{-2}	2×10^{-2}
北西の	>3	4×10^{-4}	1	10^{-2}	4×10^{-2}
郊外　：南東の	>3	6×10^{-4}	1	10^{-2}	6×10^{-2}
北西の	>4	3×10^{-4}	1	10^{-2}	5×10^{-2}

Pi ：特定の人が選択された位置で決まった時間に居る確率
Pii：規定した風速が長期間のサンプル中の規準風の設定値を超過する確率
Piii：その場所で規定した風速値を容認するだろうときの時間の割合
P　：事象の発生確率（連結確立）

図47　結合確率を考慮した基準提案[18]

　1975年、英国Bristle大学教授のT.V. LawsonとA.D. Penwarden博士（Building Research Establishment: BRE）は、仮定的表現に従わせる出来事が発生する頻度を決めることはかなり難しいとしています[18]。**図47**は、彼らの結合確率を考慮した基準提案です。そして、それらはBeaufort Scaleという設定風速を超過しかつ許容する確率（頻度）について、性別・年齢が異なる歩行者にとって受け入れられないのか、我慢できるのか、また問題にならないのかを判断する基準（Criteria）でなければならないとしているのです。

　これで最初の禅問答がお分かりになられましたでしょうか？　あーシンド！

　ここで思い人に一気に強気に出たら、そりゃ～袖にされそう。またまた何か不思議な話に持って行こうとする悪い癖が出ました。

3-4　暴風時の心構え

　囲碁（Go-Game）で言えば「あたり」、黒が白に囲まれ死んでしまう、まさに四面楚歌です。楚歌を謡って慰めるしか手立てはないとお思いでしょうが、今日の講義は「シチョウアタリ」の打ち手、すなわち"逃げの一手"をお教えしようと言う訳です。このところ禅問答が多いですね。

　ビル風で最も深刻なのは台風時の災害です。屋根葺き材の飛散や家屋の倒壊は時には人の命にも拘わる被害に直結します。最近、工事現場の足場などが吹っ飛び歩行者に被害を齎すなどのニュースも目にします。備えあれば憂いなし、風害を被る側も重要ですが、与える側の心構えの欠落が大事故へとつながるのです。台風を含む暴風時の被害は、総じてビル風によるものかの判明が難しい、他の被害に埋もれてしまうから。

　以前、シリーズ1−[1]において"台風はなぜ左巻き？"という話をしました。台風が高層ビルを掠めるような経路を辿った場合、高層ビルには台風の進行とともに360°の風向から風を受けることになります。最後の吹き戻しまで気が抜けないのです。ということは、前回の日常的風環境を扱うときには風向別の風速発生頻度が環境評価を云々するのに重要であったけれども、台風時のビル風（もちろん建築構造物の耐風設計）については全ての風向を考えておかなければなりません。

　欧州の鉄鋼基準（ECCS）[19]では、高層ビルに近接する低層建物は最初の**図48**のような範囲を考えて高層ビルによる風速増大を検討しなければなりません。解りにくいかも知れませんが、低層の設計用速度圧

$$q(h) = \frac{1}{2}\rho V(h)^2 \quad を \quad q_{ref} = \frac{1}{2}\rho Vref^2 \quad : Vref = V_h\left(\frac{Zref}{h}\right)^\alpha$$

に置き換えることによって割り増しを考えるという方法です。その割増は、低層建物が高層ビルから同心円のどの範囲にあるかによって違えています。

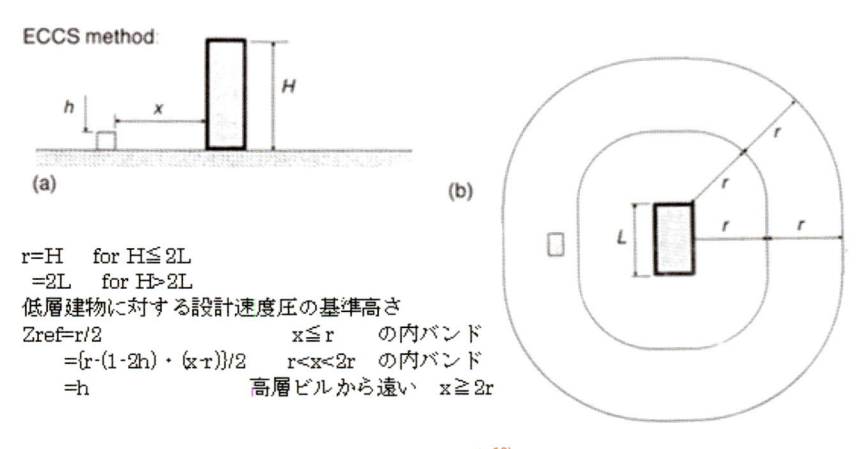

図48　ECCS規準[19]

　僕の方法は、ECCSと違ってもっと実情に近いと欧州では評価されています。ちょっと誇大広告かも知れません。面倒かも知れませんが、**図49**に示すように、式を計算し作図法に従って書くだけでいいのです。コンピュータや風洞実験は必要なし、卓上計算機とコンパスがあれば"良"なのです。仮設足場の設計[20)]にも採用されています。

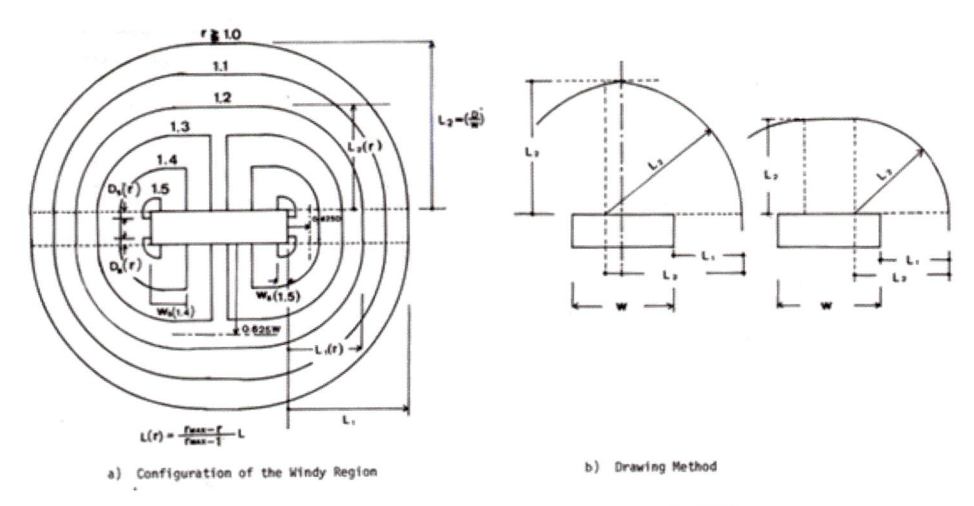

図49　Maruta-Methodによる全方位型強風領域[13)]

　計算は、高層ビルコーナで生じる最大風速比 r_{max} を求めます。

最大風速比：　　$r_{max}\left(=\dfrac{U_{h',max}}{U_h}\right)$

そして風速比 $r=1.0$ が r_{max} に至るまで、
風速比 r 毎に $L_1(r), L_2(r), Ws(r), D_S(r)$ を順に求めていけばいいのです。

$$L_1(r) = 0.27 \cdot (W+D) \cdot (H-h')^{0.36} \cdot \left(\frac{r_{max}-r}{r_{max}-1.0}\right)$$

$$L_2(r) = \left(\frac{D}{W}\right)^{-0.34} \cdot L_1 \quad ; \quad \frac{D}{W} \leq 1.0$$

$$r_{max} = 1.16 \cdot \left(\frac{H}{h}\right)^{-0.08} \cdot \left(\frac{H}{h'}\right)^{\alpha} \quad , \quad r \geq 1.0$$

$$W_s(r) = 0.8 \cdot L_2(r) \quad ; \quad W_s(r) < \frac{1}{2} \cdot W$$

$$D_s(r) = 0.8 \cdot L_1(r) \quad ; \quad D_s(r) < \frac{1}{2} \cdot D$$

図50　風速別強風領域の算定方法[13)]

　これら算定式の誘導は、第3章3-2で紹介したMaruta-Methodの風向別強風領域を全16方位分重ね合わせて得られる全方位型強風領域[13] です。

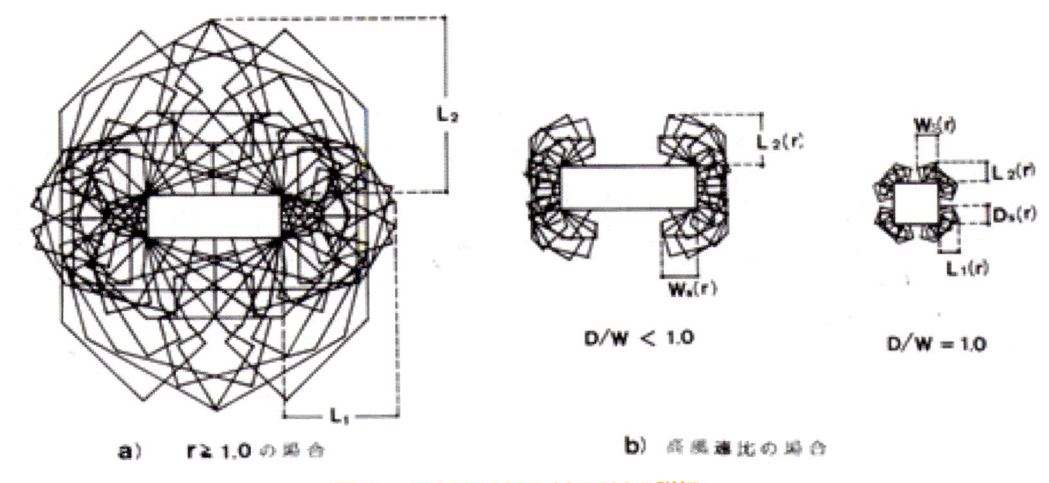

図51　L1(r),L2(r),Ws(r),DS(r)の詳細

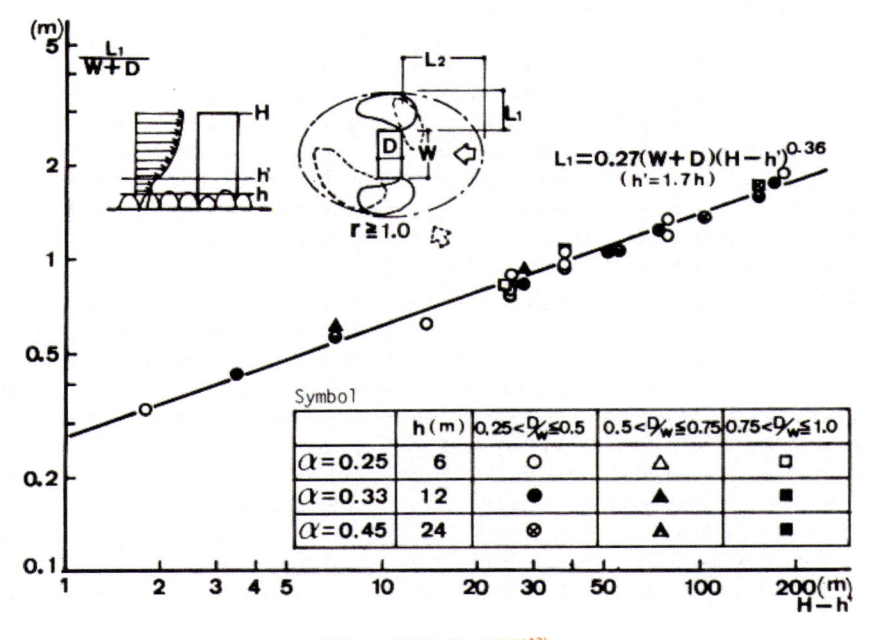

図52　算定式の誘導[13]

　以前にも紹介しましたがある行政区が定める「高層ビルの2倍の範囲」はあまりに大まかです。兎に角、暴風に対する心構えは、外に出ない、日頃の備えを十分に、これがシチョウアタリです。僕は優しく楚歌を歌ってくれるシチョウアタリがいいのですが。お歳を考えなさいと言われそう。

第 4 章
ビル風の善悪を判別する

4-1　相対的評価と絶対的評価

　Relative evaluation / Absolute evaluationどちらがビル風評価にマッチしているか、どちらが善悪かを見分けられますか？「寛容と不寛容は相対的関係にあり、どちらかが絶対的に正しいわけではない」の比喩が与えるパラドックス、どちらも正義かも知れない。このカオス的なテーマが今日の命題です。

　相対性は平等性、等価性または主観性を含意し、反対に絶対性は客観性と同義で用いられる（Wikipedia）と単に区別されるけれども、ビル風の価値はその強弱と範囲の絡み具合が問題とされ、主観と客観の両面から評価する必要があるのです。それは、他方人々の心理的に受ける障害と身体的に受ける障害は、事前の不安と事後の痛手に置き換えることもできます。いつものように、また禅問答になってしまいました。"体の傷は治せるけれど心の痛手は癒せはしない♪"、沢田研二の心境でしょうか。

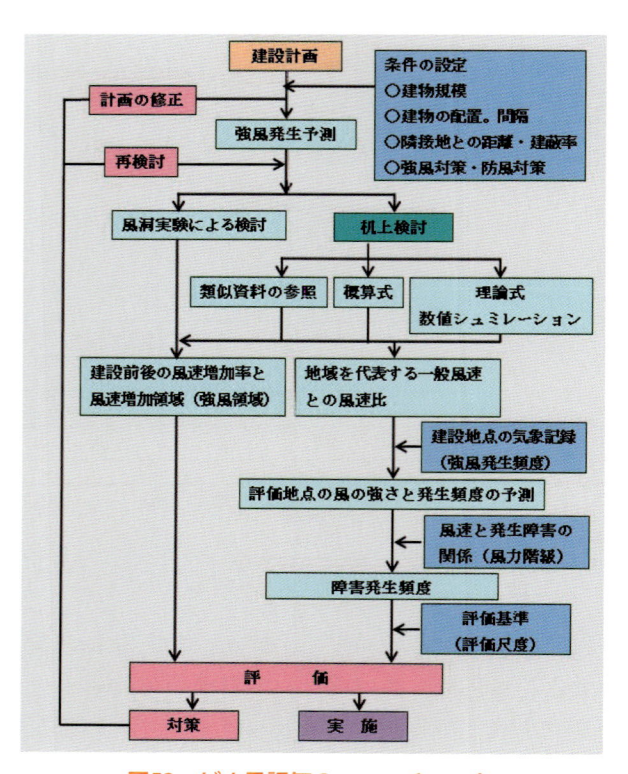

図53　ビル風評価のフローチャート

　図53は、建築計画におけるビル風評価のフローチャートです。それは、相対評価（左ルート）と絶対評価（右ルート）の２つの流れを示しています。しかし、これは独立にあるのではなく両者をまとめて考えることを意味しています。分かりにくいでしょうから具体的に踏み込んでみます。

　先ず、相対的評価は、ある時期の対象に対する変化ですから、高層建築物の建設以前の風環境（風速）と建設後の風環境（風速）の比率、言い換えると高層建築物の建設前後の風速比（風速増大率）について評価することです。絶対評価は、絶対的な立場から心理・価値の基準を示すことから、障害を発生させる風速そのものについて評価することになります。では、それぞれの良し悪しについて考えてみます。

　次の**図54**は、相対風速比と絶対風速比を求めた風洞実験例です。相対風速比では、風速比1.0以上の区域が肌色〜赤色で示した高層建築物の建設によって風速が増加する領域を、逆に1.0未満の区域は弱められる領域を緑色で表しています。すなわち建設による影響の度合いということになります。絶対風速比では、高層建築物の頂部高さ相当の一般風（地域を代表する風速）に対する比率を表しており、風速比0.3以上の区域は地上３ｍ相当の一般風速を超える領域です。すなわち風そのものの強さを表しています。

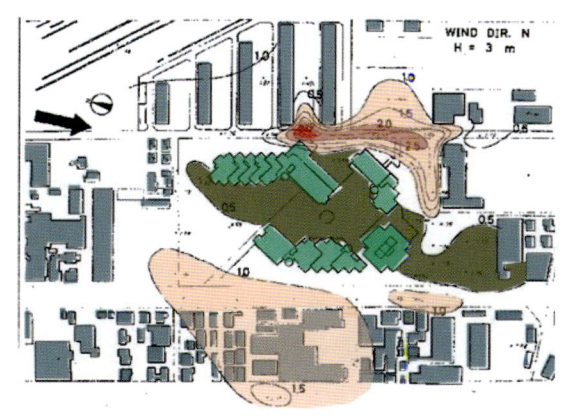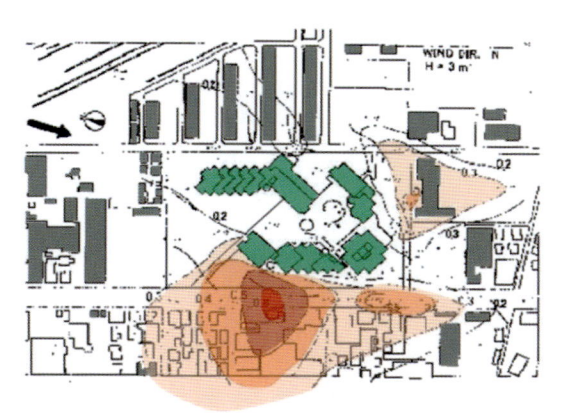

相対風速比（高層ビル建設前後の風速比）　　　　　絶対風速比（高層ビル屋上風速と地上風速の比）

図54　相対風速比と絶対風速比の相違

　以上の説明で大体のところはご理解いただけたと思いますが、どちらが「良し・悪し」とは言い切れません。それは、相対風速比の風速増加領域は単なる構造建築物の影響領域であって強風領域とは限りません。また絶対風速比の強風域はもともと地域的に持ち合わせた強風区域を含んでおり、高層建築物によって発生した強風とは限りません。従って、評価は両風速比を絡めて行う必要があります。

　ただ、建設前のビル風の不安を抱く心は察せられるものがあります。また、強風発生地点と判定されたとしても、強風の発生する頻度が小さければ被害も小さいのです。単独では評価できないのです。最善策としては、第3章3-3を参考に痛手を最小限に抑えることでしょうか。僕の心の痛手は未だ癒されていません。未練がましい！

4-2　確率論的評価

　最近の高校教育では確率を勉強するようです。僕らの子供の頃は、チンチロリンとか丁半賭博、コインの裏表での感覚でしかなかったけど、今では常識みたいに天気予報の降水確率なんかでも受け入れられてきています。僕は今でも全く無理解です。なんか不謹慎な話から始まりました。理解できないのは数字ではなく、その数字に対する人間の感覚です。どの程度の確率で風が吹いたら我慢できたりできなかったりするのでしょう。今日は、答えが出ないけど、この点について考えるのも無意味ではないと思っています。

　では、頻度と確率の違いから掘り起こしてみます。

　頻度（Frequency）とは、ある事柄が繰り返し起こる度合であり、それに対し確率（Probability）とは、ある事柄の起こる可能性の程度と定義されています。どこが違うのだと責めないでください。言葉通りと答えると失礼に当たるのでもっと具体的に風の観測を例にして説明します。

　図55によって説明します。最初の棒グラフはある地点の方位別風速発生頻度で、もう一方のレーダ図は風配図と呼んでいます。いずれも風が、どの風向（事柄）からどれだけ多く吹いてくるか（度合い）を表しています。

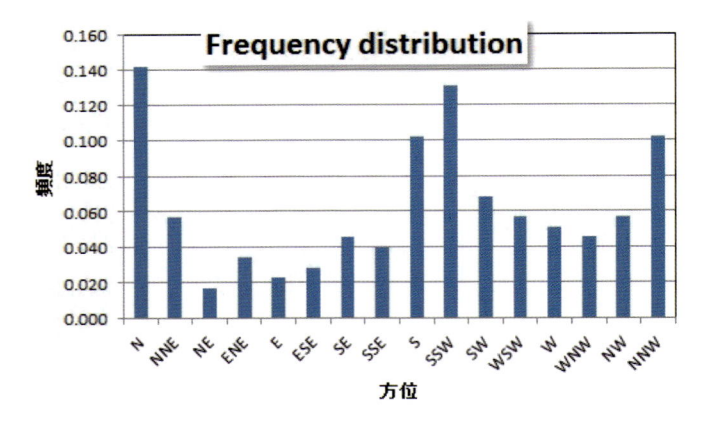

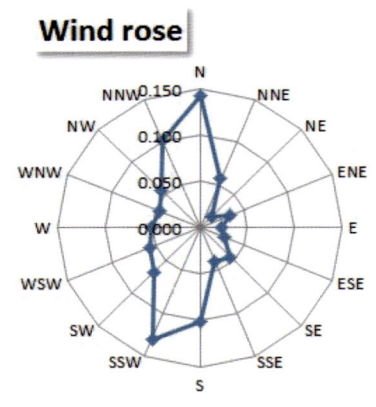

図55　発生頻度を表す表現

　次の**図56**は、2年間の風観測データ（1分間平均・最大瞬間風速・風向）の内、南南西の風向のみを抽出した記録をワイブル分布関数に従って求めた確率分布（確率密度・非超過確率・超過確率）です。これらは観測地点の強風発生の可能性の程度を表しています。最後の超過確率分布図で言えば、風速10m/sを超える強風が吹く確率はおおよそ7%と言うことになります。ただ頻度と確率の違いが分かってきたと言ってもこの7%が良いのか悪いのかが分かりません。

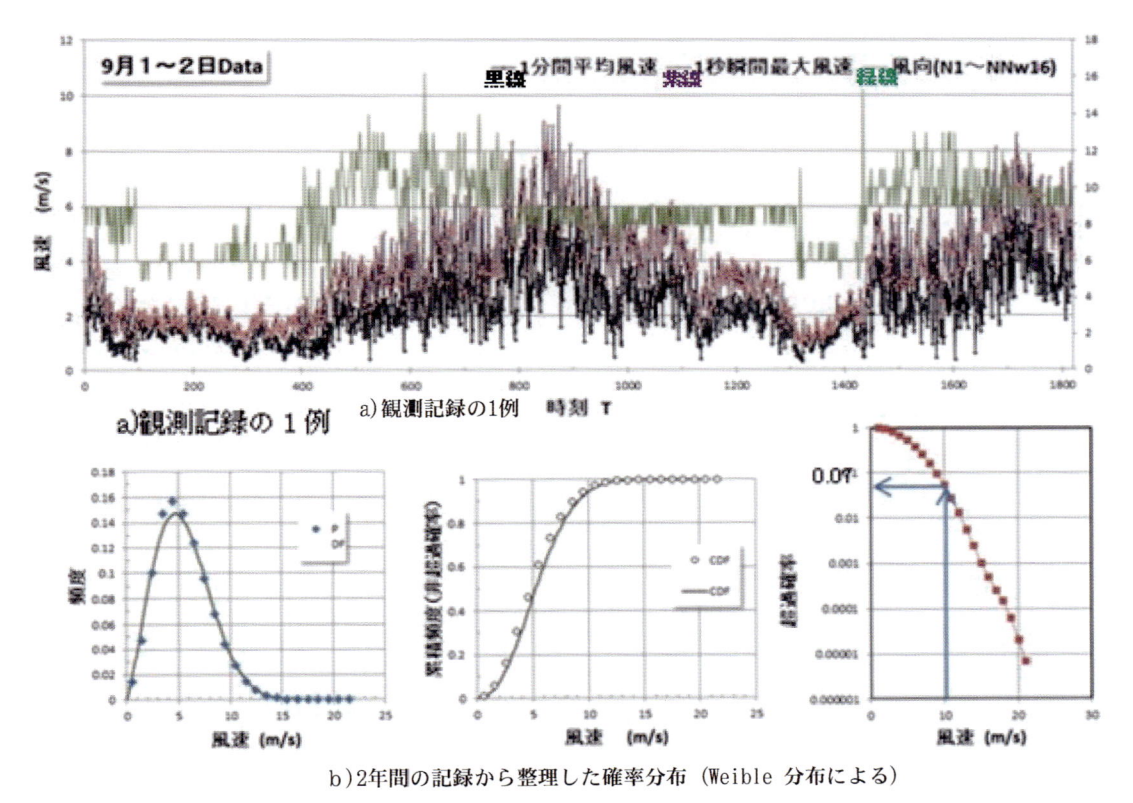

b）2年間の記録から整理した確率分布（Weible 分布による）

図56　風速発生の確率分布

　このままで終わると皆さんから叱りを受けてしまいそうです。

　疲れたでしょうからここで言葉遊びをしましょうか。表には頻度（確率）を表す言葉（日本語と英語）を確率の程度ごとに僕の主観的・独断的感覚で**図57**のように並べて見ました。どうでしょうか、この状況を言葉の印象だけで状況を受け入れられると判断できたでしょうか？さらにこれをどこの頻度で良し悪しを決めるのか、難題です。

　人間の気持ち（意識）か絡んできます。この意識は、T. Stathopoulos教授（Concordia大学、カナダ)が提唱[21]しているように、年齢、性別、環境、人間の活動、季節、気象（気温・相対湿度・太陽輻射熱）、天候、受けている時間、服装などの数多くのファクターが関係してくるのです。

頻度を表す言葉

確率	日本語	英語
1.00	何時も、しょっちゅう、絶えず	always, constantly, continually
0.63 (1-1/e)	大抵、通常、一般に、しばしば、度々	usually, commonly, generally, frequently, often
0.1	時々、時たま	occasionally, sometimes
0.01	殆ど、珍しく	infrequently, uncommonly
0.001	稀に、滅多に	rarely, seldom, scarcely, hardly
0.0001	万が一	in a remote possibility
0	一度も	never

（e=2.71828）

*筆者の独断的感覚

図57　頻度を表す言葉の日本語と英語の比較

さらには居住環境です。次の表は環境温度に対する人の温熱環境・生理現象・健康状態についての東大生産研究所の大岡龍三先生の研究[22]ですが、今後、確率的評価には、このようないろんな因子を絡めた被験者の意識調査研究が不可欠なのです。

SETと温熱感覚、生理現象、健康状態の関係

SET (℃)	温熱感覚 [温冷感]	[快適感]	生理現象	健康状態
40~45	・限界	・限界	・体温上昇 ・体温調整不良	・血液の循環不良
35~40	・非常に暑い ・熱い	・非常に不快	・熱しい発汗 ・血流による圧迫感の増加	・ヒートショックの危険増加
30~35	・温かい			・脈拍が不安定
25~30	・やや温かい ・何ともない	・快適	・発汗、脈拍の変化による温温調節	・正常
20~25	・やや涼しい		・生理的中立	
15~20	・涼しい	・やや不快	・放射熱が増加し衣服また に運動が必要	
10~5	・寒い ・非常に寒い	・不快	・手足の血管収縮、ふるえ	・粘膜や皮膚の乾燥により舌苦痛の増加
5~0				・体の末消部分への血液の循環不良による筋肉痛

（出典：「温熱生理学」p67. 表2.19）

図58　SETと温熱間隔、生理現象、健康状態の関係[22]

確率論的に評価するということは、可能性の程度に対して線引きをすることになるので、チンチロリンのように決まるものではありません。思い入れの確率もチンチロリンというわけにはいきません。あ〜世話ない！

4-3　瞬間風速

　先日、御萩（牡丹餅ではない）を食べていたらもう十五夜の月見団子です。トワ・エ・モアの"今はもう秋〜♪"です。秋の日は釣瓶落としと言われるように秋分を境に日の落ちるのは早く感じられます。釣瓶といってもTVの笑福亭鶴瓶ではありません。江戸時代から昭和初期まで使われていた滑車の水汲み道具です。この釣瓶を井戸の水面の約3〜4mまで落とすに要する時間は私の経験上2〜3秒です。これが瞬間的に（instantaneously）という概念の評価時間かも知れません。歳をとると何かと人の言動に反応しやすくなり、瞬間湯沸かし器と呼ばれるくらいhigh-responseになっています。この瞬間の評価時間は0.5秒〜1秒、脳から中枢神経を通じて人体が反応する時間です。今日は、ビル風の瞬間風速（Instantaneous wind speed）はこんな短い時間の現象を扱おうとしています。新幹線が通過する時間より短い刹那の現象を考えるのです。ついていけますか？

　英語ではこの瞬間（またたく間）はLongmanの辞典ではin a moment（ a very short period of time）とかinstantaneous（happen at once）とされていますが、冒頭の表現の方がピンとくるかも。この瞬き（まばたき）の間にどっちの風向から来るか分からない風速を測定するには飛んでいる蝿を箸で掴む武蔵以外には難しい。

　そこで誰にでも瞬間風速を決める道具が必要であり、それが突風率Gv（ガストファクター：瞬間風速/平均風速）と呼ばれるものです。常識的には、Gvを決める分母の平均風速は10分間平均値を用います。気象庁の発表による瞬間風速は大体がこの10分間平均風速の1.5倍です。恋人の心を量るよりはるかに簡単です。でも、これは平均風速と瞬間風速が一体である（その状況に近い）との仮定で安定したGvを与えますが、ビル風のように変幻自在に吹いてくる複雑な乱流については図59のように両者の発生風向に大きな乖離Δθ（±55度以上でGv増大）が生じ易く、特に風が弱くかつ風向が定まりにくい場所では次の図60のようにGv≧3.0〜Gv=35.0にもなるのです。こんな不可思議な話はありません。これは10分間平均風速がゼロに近いことに起因していますし、独立な現象をもともとこんな長時間の中で関連関数として扱うことに無理があるのです。

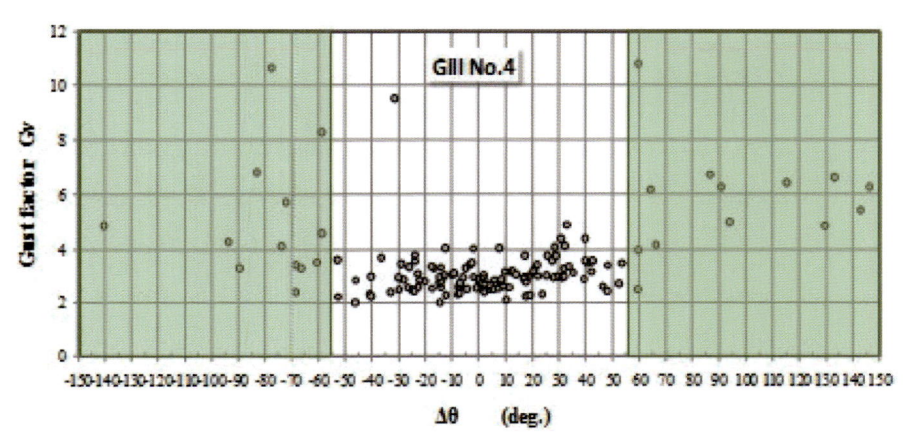

図59　地上観測地点における主風向0°からズ乖離した風向Δθでのガスとファクター [23)]

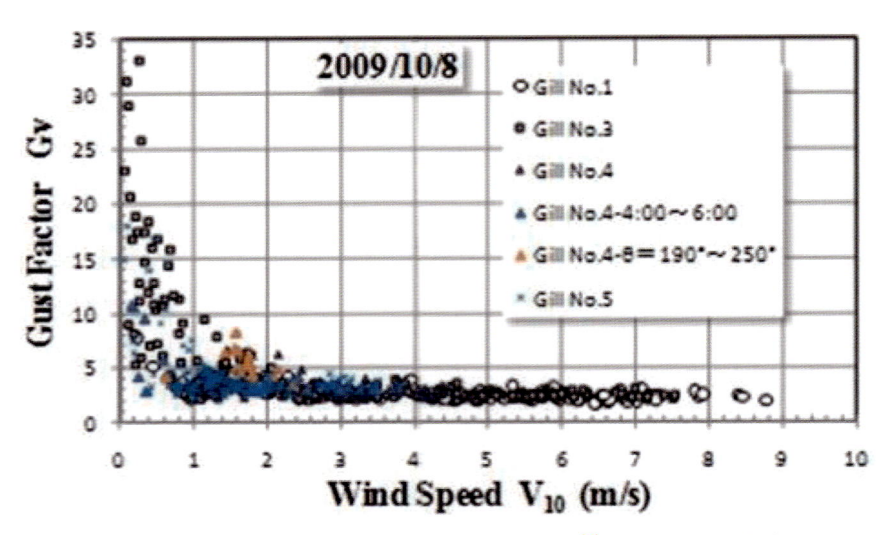

図60　10分間平均風速のガスとファクター[24]（No.1〜5観測点）

　　ここで私は、この矛盾を軽減するために10分間平均値ではなく1分間平均値にすることでビル風の複雑怪奇なGvに対する解決策の提案を試みてみました。**図61**は10分間平均と1分間平均のGvを比べて見たものです。結果は明らかですね。

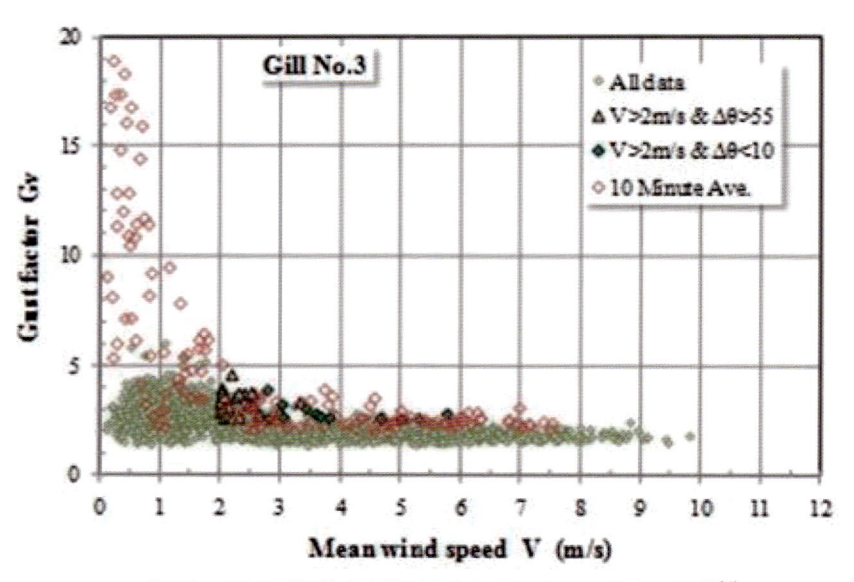

図61　10分間平均と1分間平均のガストファクター比較[24]

　そして、1分間平均で求めたGvは、ビルの角の強風地点でも、ビルの陰になる弱風地点でも、また地上30mの高所での風でも風速VとGvの関係は**図62**のように同じ関数の中に納まる、そういう性質を見出したのです。

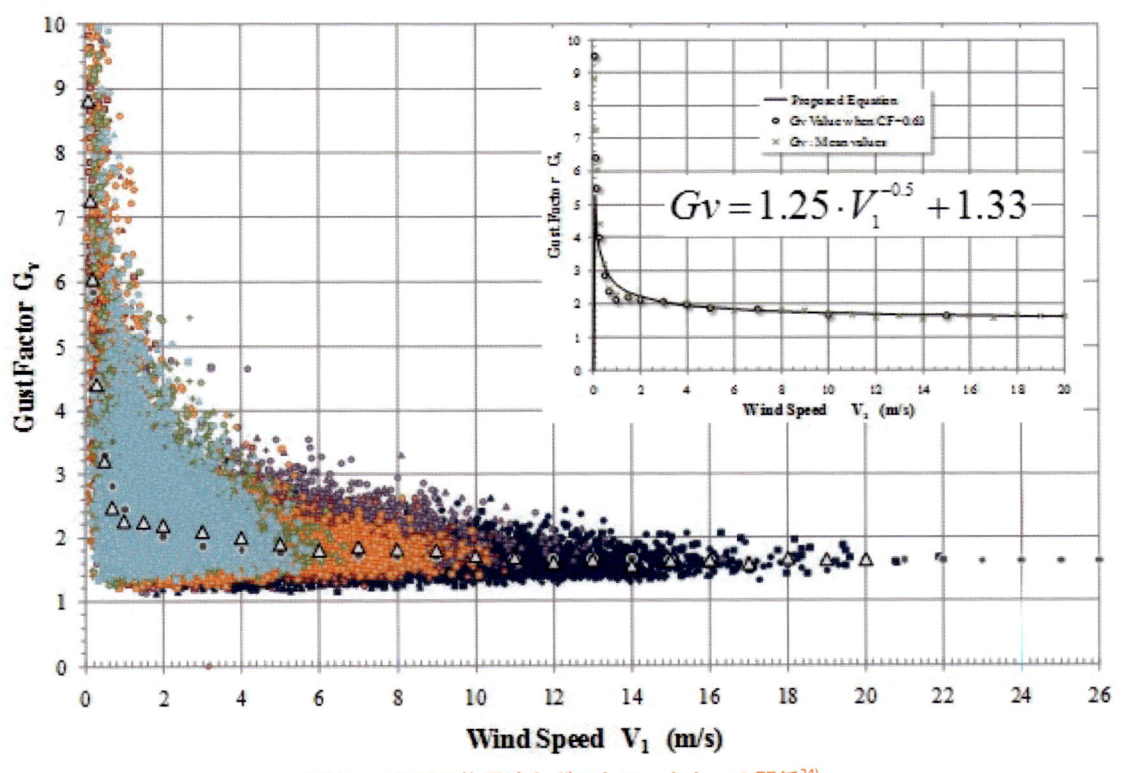

$$Gv = 1.25 \cdot V_1^{-0.5} + 1.33$$

図62　1分間平均風速とガストファクターの関係[24]

　次の**図63**は、2年間の観測記録をベースに1分間平均風速と瞬間風速のそれぞれの風速超過確率を求めたものです。そこで1分間平均風速のWeible確率分布に従った理論的超過確率を基に前述のV-Gv関数を考慮した瞬間風速の理論的超過確率にほぼ一致することを見出したことで、優位性を立証したのです。

　心残りは、第2章2-3節の「日頃の心構え」で触れた日最大瞬間風速の扱いで、日最大10分間平均風速との相性に関する疑問であり、ビル風評価基準の指標として相応しいのかどうかです。そろそろこの点については検討する時期にきているようにも思えます。お互いバラバラの気持ちでは一つに収斂するとは思えない。瞬きする間に逃げられそうです。またそこに落ち着きますか。

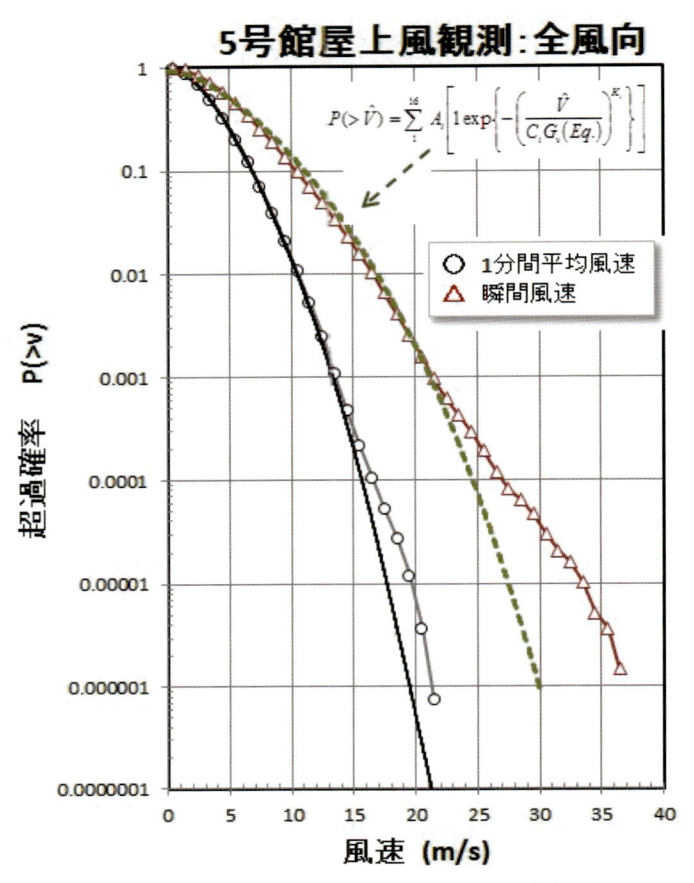

図63　1分間平均風速と瞬間風速の超過確率分布

4-4　評価指標

　7年前まで我が家は高木と竹藪に取り囲まれ、冬は大樹の陰（楽じゃない方）で寒く、夏は無風状態で常に蒸し暑い極悪の環境に甘んじてきた。その後、奮起して崖縁までの竹藪を開き、高台から千葉方面を見渡せる絶景を得た。と同時に、20mの崖下から吹き上げる風はビル風ならぬ崖風に変貌した。しかし、風通しが改善されることで家の黒カビは一掃された。今日の講義は、僕の崖縁人生の話ではなく、風評価の物差しについて考えようと思っているのです。

　吉田兼好の徒然草ではないけど、55段の「家の造りやうは夏を旨とすべし、冬はいかなるところにも住まる・・」は正に実践系です。夏の蒸し暑い時期、風があると心地よい訳で、風を欲しいのか避けたいのかは状況によりけりの判断です。趣ありていとおかしです。この状況判断がまた難しいのです。ビル風の話に戻しましょうか。

　現在、わが国ではビル風の評価は表で示される村上評価[25]が主流です。カナダでは第2章2-3で紹介したA. G. Davenportの人の活動別評価[11]です。Davenportの基準では被験者の生理学的実験に基づいて許容値が定められています。一方、**図64**の村上評価は野外での歩行者アンケート結果に基づく数量とされているものの、特定場所における滞在時間と瞬間風速遭遇性（特に日最大瞬間風速）の関係づけが悩ましいところです。いずれにしても、安心・安全に対する許容値（問題ない・我慢できる・不快・我慢できない・危険など）を決めることは、いろんなファクターが影響しあい一括りで線引きできないのも事実ですが、現時点では運用の一手段として設定された押しつけの受忍条件みたいなものです。後は、その数値を目安として少しでも環境改善に向けた話し合いで決まるように思います。

強風による影響の程度	対応する空間用途の例	評価する強風のレベルと許容される超過頻度		
		日最大瞬間風速 (m/s)		
		10	15	20
		日最大平均風速 (m/s)		
		10/G.F.	15/G.F.	20/G.F.
ランク1　最も影響を受けやすい用途の場所	住宅地の商店街　野外レストラン	22% (80日)	0.9% (3日)	0.08% (0.3日)
ランク2　影響を受けやすい用途の場所	住宅街　公園	10% (37日)	3.6% (13日)	0.6% (2日)
ランク3　比較的影響を受けにくい用途の場所	事務所街	35% (128日)	7% (36日)	1.5% (5日)

G.F.（ガストファクタ）：密集市街地 2.5〜3.0、通常の市街地 2.0〜2.5、風速増加域 1.5〜2.0

図64　ビル風の村上評価[25]

　そこで、どの風速レベルを問題にするのかの判断は、風の威力と影響を受ける側の関係についての見極めです。第1章1-3のビル風の悪戯でもお話ししたように、

①人命の安全、

②人間の活動、

③建築物等の安全、

④営業阻害、

⑤環境悪化

は、風速レベルや障害発生頻度が異なります。ようは、高風速を照準にすれば出会いは少ないし、時たま強風地点に居合わせるか、また一日中根を下ろしているか、その状況によって許容する判断が左右されます。

　つぎに、具体的に、風は、人間、建築構造物そして温熱感覚に対してどのような影響を示すか見てみます。

　図65は。台風9119号被害調査委員会建築センターパンフレット[26]に記された風速と人間の抵抗姿勢で、このレベルの風速は危険な風の範疇であり、外出は不可能です。もちろん走行中の車やバイクは吹き飛ばされます。

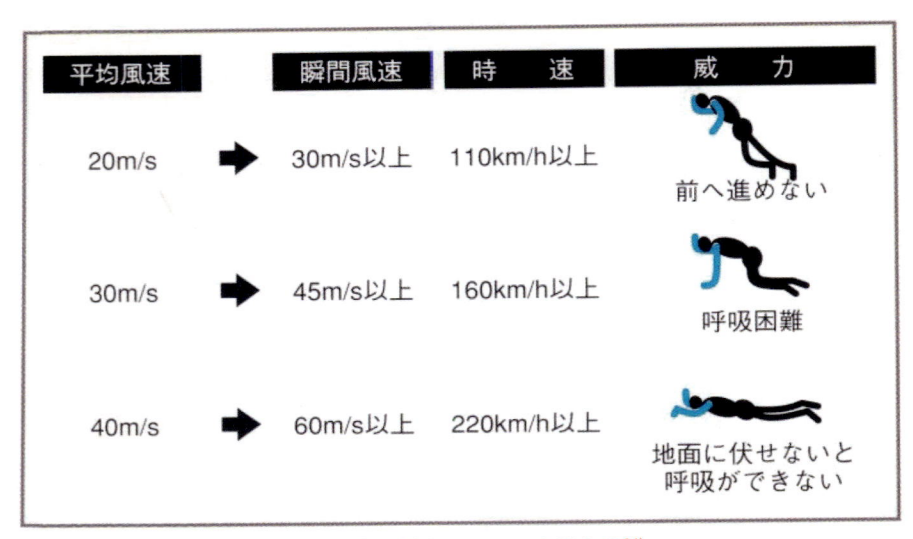

図65　風速に対する人間の姿勢角度[26]

　A.D. Penwarden(1974)[27] は、風速と人間の姿勢角度に関して**図66**のように表しています。これは平均風速で、突然の風についてはバランスを崩すのが自明です。次の**図67**によるチャートは建築基準法に従って計算した東京の瞬間風速の高さ分布です。法律上、建物は使用期間中この強さ内の風では破壊しないように求められていますが、被害はいろんな要因（手入れが悪い・手抜き工事・規準を上回る強風の発生など）で頻発しています。

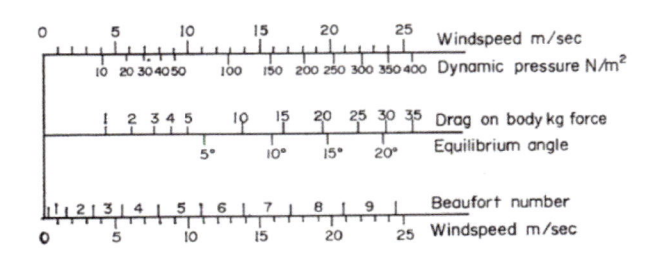

図66　Penwardenによる風速と人間の姿勢角度[27]

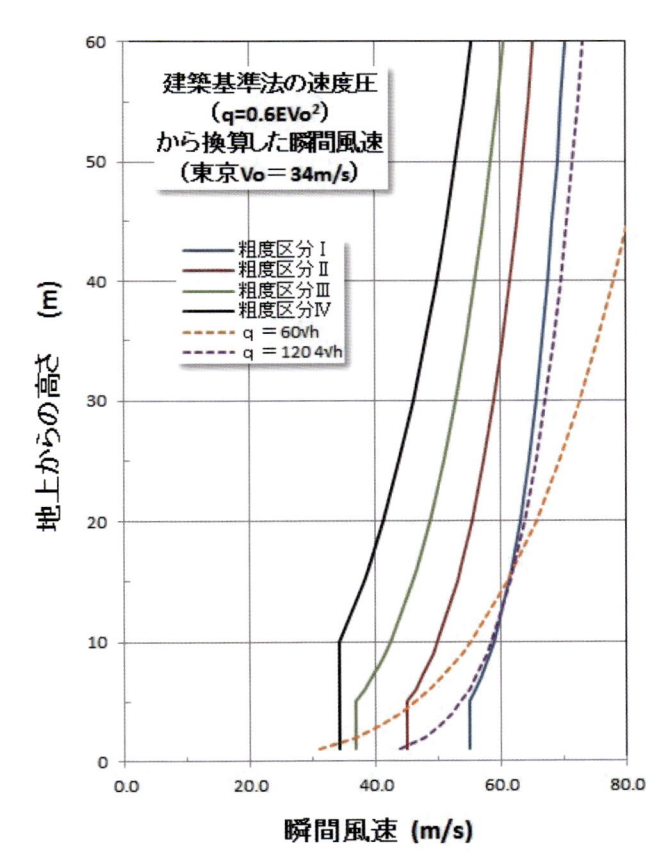

図67　建築基準法による瞬間風速の高さ分布（速度圧から換算）

　図68は、またA. D. Penwarden(1974)[27] によるもので、風速と気温の環境下における着衣の量について直射日光を受けているときと日陰の場所の相違によるの快適性の有無を表しています。

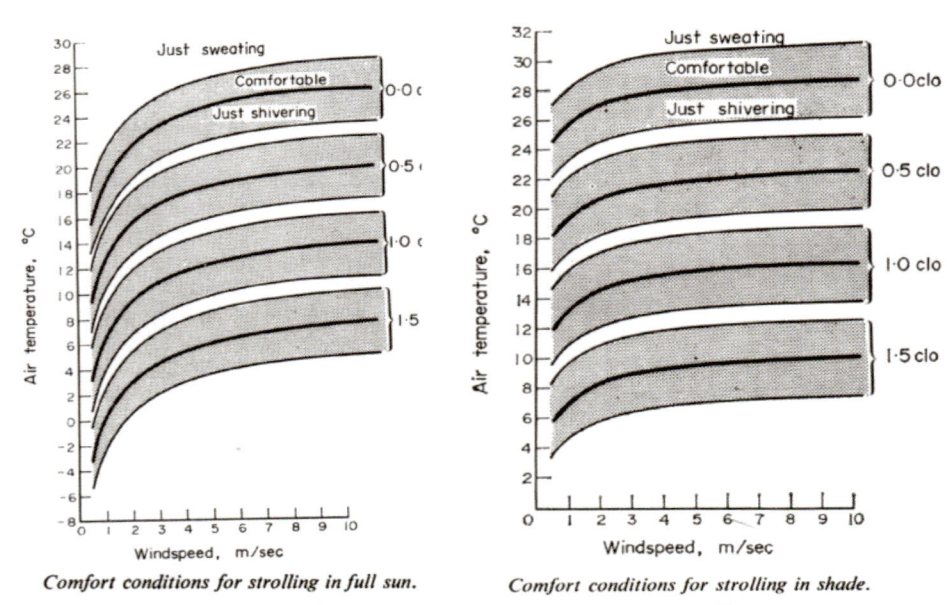

Comfort conditions for strolling in full sun.　Comfort conditions for strolling in shade.

図68　風速と気温の環境下における快適条件[27]

　これらの評価指標に対する思いも、人間の年齢・性別、置かれた住環境や地域性、季節や気候、風速レベル等のいろんな状況によって違ってくるのです。定められた風速に対して被害を生じさせないように設計・保持された建物が強風で被害を受けたとき、法規定の設定が悪かったとの明らかな判断ができますが、人の判断が絡む指標についてはどうしていいか悩むところです。実情はエイ・ヤと決めているのかも知れません。僕の場合、ときめく相手にはもう手の打ちようがありません。

第 5 章
ビル風を利用する

5-1　ビル風発電

　昨日、発送電分離の話題がNEWSになっておりましたが、問題は独占的送電利権がCost downの妨げの要因になっているそうです。地産地消は農業生産の代名詞ではありません。電力だって身近に生産できるので、送電の上乗せはありません。とくに、風力はソーラや地熱発電と並びクリーンエネルギーであり、これらの組合せで結構高い効率も期待できます。今日の講義は、都会に無尽蔵に眠っている財産を掘り起こす提案です。金の生る木ならぬ金のなるビル風の話です。

　ビル風は、これまで迷惑ばかりかける印象を与えていますが、ものは考えようです。こんな話をすると何か混乱してしまいそうですね。与謝野晶子のみだれ髪、臙脂紫の一節、「夜の帳にささめき尽きし星の今を下界の人の鬢のほつれよ、・・」みたいなもので心まで乱れてしまいます。ようは、悪から善への変貌に戸惑ってしまいます。

　風力発電で皆さんの最初にイメージするところは、山や丘にあるいは海上に聳え回転する巨大な竹とんぼのような風車（かざぐるま）だと思います。翼部の直径が30m以上の風車は1万Kw以上ですが、さすがにこれを都会のビルの真ん中には置けません。

図69　風力発電

　さて、ビル風発電ですが、応用できるいろんな装置が開発されています。ネットで調べると結構いろんなメーカで小型風車が販売されています。風車型の発電は、軸回転のエネルギーを起電する原理です。現時点では、出力は小さいためにソーラとの組み合わせる必要があるようです。未来形ですが、蓄電の性能向上などにより益々活用されることと思います。

ゼファー㈱

（名古屋市科学館様納入
エネルギープロダクト㈱）

NTN㈱

図70　いろんな小型風力発電装置

また最近、ネット上でスペインの研究者が**図71**のようなVortexと呼ぶ振動発電機を公開しています（http://nge.jp/wp-content/uploads/2015/05/VORTEX01-690x399.jpg参照）。

（出典：www.vortexbladeless.com）

図71　風振動発電機 Vortex

　この発電原理は、金沢大学の上野先生による磁歪式振動発電装置の発表[28]においても説明されています。地獄から仏ですね。

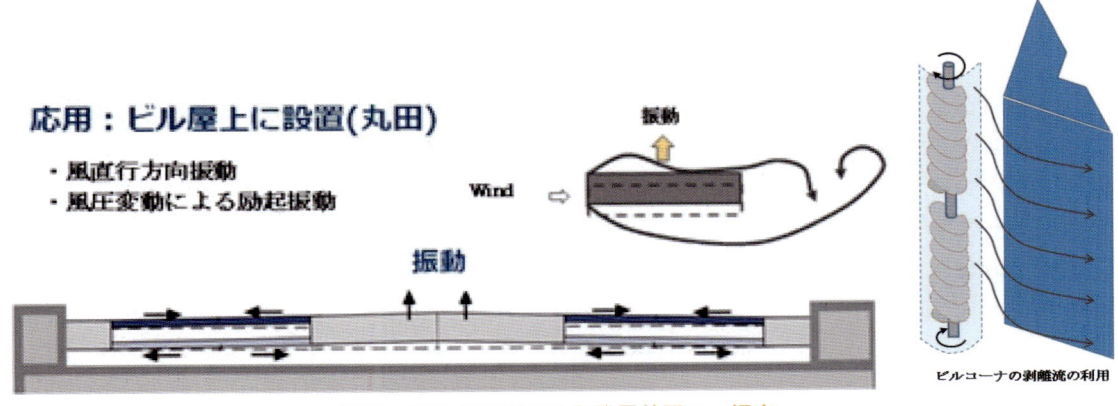

図72　風を利用した振動発電[28]

　風を弱めたい思うことだけがビル風対策ではありません。以前にもビル風のいろんな種類について紹介しましたが、ビルコーナや屋上の剥離流、ピロティー流れ、そして谷間風など宝の山です。この風を利用しない術はないでしょうか。

　そこで、いくつか私なりの提案を試みてみました。参考になるだろうか？

　"私は～今すぐ風になりたい～♪吉田卓郎"、わたしもみだれ髪をほつれさせたい！？なんか混乱しています。

図73　ビル風を利用した発電装置の一提案

5-2　ビル風予報

　予報は予測ではなく期待できるものを発信していく行為、英語で言うなればAnticipation、どちらかというとForecastの部類かも知れません。積極的にビル風を利活用しようというのが今日の講義です。今回の話も儲かりまっせ～！

　2015年の6月、㈱Wind-Styleは東京ビックサイトで開催された設計・製造ソリューション展に出展しました。内容はWind Map Program、すなわち風環境情報の活用システムです。

　具体的には、ビル風の影響が発生しそうな高層ビル周辺や地域全体の風環境を敷地内に設置した風速計とリンクさせてリアルタイムに予報するものです。最初の写真はBig site出展時の模様で、伝達媒体としてはスマートホンなどで逐次確認できることです。なんか自分たちのコマーシャルになってしまいました。我田引水、ちょっと強引です。

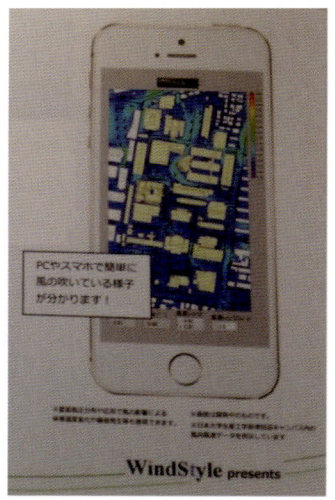

図74　㈱Wind-Styleのビル風予測システム

　自分の恥部を曝け出すことに躊躇うのは当たり前、ビルのオーナー達は"自らが強風を作っていることを公表するものだ"と渋い顔をするだろうけど、ものは考えよう、発想の転換です。地域環境保全に積極的なオーナーの度量に、周辺住民との連帯・信頼が生まれることは請け合いです。もし、ビル風情報が共有できれば、強風地点を迂回する安全なルートを確認できます。また、頻繁に許容できない場所があるとすれば、講じる策もありです。

　さて、ここで視点を変えてビル風予報の活用案を考えてみます。その一つがスポーツ観戦における期待です。屋外スポーツで風の影響を受ける種目は野球、ラグビー、サッカー、テニスなどです。風の中でプレーする醍醐味も面白いでしょうが、観戦する側から風の流れと強さの画像情報をキャッチできるならば、これもまた躍動的スポーツの楽しみ方にもなります。

　この間、興奮したロンドンのラクビーワールドカップでは、五郎丸選手のペナルティーキック、風の流れが分かれば軌道も観戦者から風向きの影響を予想したりする醍醐味を味わえることもできます。また、古い話ですが、マリンスタジアムでのオリックス野田浩司19奪三振伝説です。

図75　スポーツにおける風の影響

　嘗てNHKから、誰にも打てない野田の魔球を検証して欲しいとの風洞実験依頼があり、スタジアムの流れのvisual化によって図76のような効果を立証したことを思い出します。これは、バックヤードを超えた海風がメインスタンドにぶつかり逆流によって野田のフォークボールをさらに勢いづかせるというものです。こんな現象、誰も予想着きませんよ。

　歩行者安全のための実況・予報やスポーツ観戦など利活用するところ満載です。彼女の心は予測しがたいですが、ビル風予報は万全です。

野田浩二投手（当時オリックス）19奪三振　1995年4月21日

図76　千葉マリンスタジアムの海風の影響

5-3　ビル風による省エネ

　夏の冷房費が嵩み、吉田兼好にお頼み申すわけにもいかず、悩んでおられる御仁に朗報です。ビル風を忌み嫌うのではなく、利用する手はいくらでもあります。高層マンションの上階は結構涼しいそうですが、逆に下階や地下階は日中のコンクリートの蓄熱も相まってよろしくない。これを一気に解消する手立てはないものかと考えるのが今日の講義です。

　これまでの自然換気や通気の観点からすると、建築物の壁面や屋根面に生じる風圧の差を利用する風力換気の考えがすぐに思い出されます。この方法はシリーズ1 –[22][37]で詳しく紹介したので、ここでの話はビル風を利用した空調方法、格好よくいうとビル風エアーコンディショニングというところでしょうか。

　この春3月に桂離宮に行ってきました。電気のない昔、特に蒸し暑い京都の過ごし方、いかにして風を取り込むかが最優先の課題として拝観してきました。8月にも京都の町家を見学し、内庭や簾を組み込んだ空気の流れをつくる工夫が写真のようにいたるところに見られました。夏の蒸し暑さは京都の代名詞ですが、打ち水・中庭・簾垂などいずれも涼風を誘い"いとおかし"と感心するところでしょうか。

図77　桂離宮

図78　京都町家

　古来、如何わしい占いの類を除くとして、都市や建物の位置の吉凶を決める「風水」なる思想が根付いてきました。これは、黄砂を伴う偏西風に乗った疫病にも関連し鬼門などによって建物の向きや生活空間の取り決めを風水に委ねていたところでもあります。このような制約の中で町家の造りには感嘆するものがあり、現代の建築に採用するヒントがあります。また、暑い国々の工夫は、E.M.Aynsleyの書籍[29]で見つけた挿絵で示すHydrabadやEgyptの伝統的家屋です。僅かな風を如何に掴み取り・取り込むか、切実な思いが見て取れます。

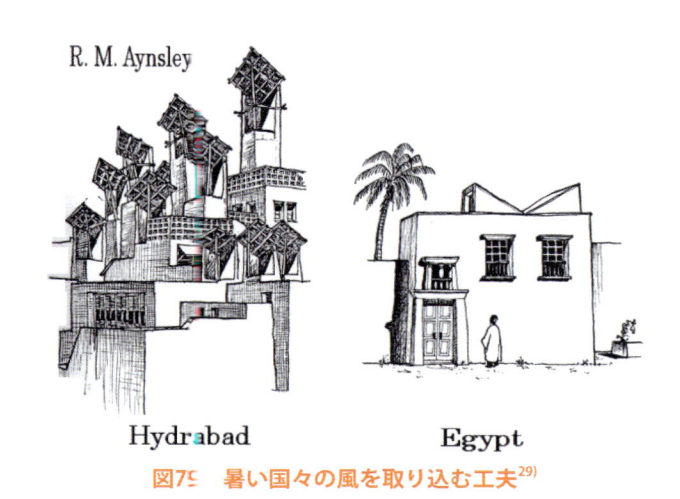

図79　暑い国々の風を取り込む工夫[29]

　これからは、私の案を披露します。無尽蔵にある風のエネルギー、都会の谷間をわずかに吹き抜ける風、ビルによって弱められたところが実は風エネルギーの宝庫です。

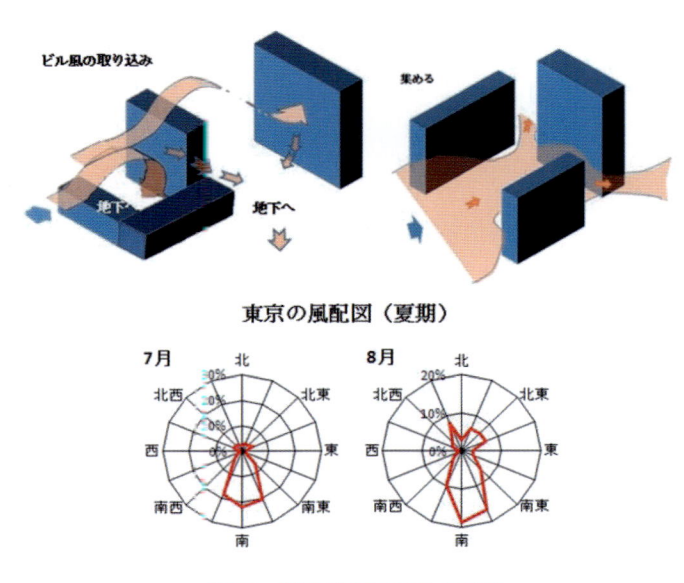

図80　ビル風を取り込む工夫

　図80に示す吹き溜まりをうまく取り込み、建物内に風を通す仕組みを考えれば空気は必然と流れる理屈、地下にも空気を取り込めるのです。もちろんこの場合、図中に示すように、夏期の風速発生頻度方向をチェックしておかなければなりません。また、風上壁面の風は、壁に沿って流れる性質がありますが、そのような風については**図81**で示した大きな翼を用いて呼び込むのです。最後の**図82**は、坪庭の大型版、ボイド（Void）を利用し屋上を越える剥離流によって空気を吸い上げるのです（物理学的にはベンチュリー効果と呼ばれています）。このように、弱いビル風でも快適なエアコンに変貌させることができると思います。

　温故知新（Learning from the past）！どうです70過ぎても役立つかも。

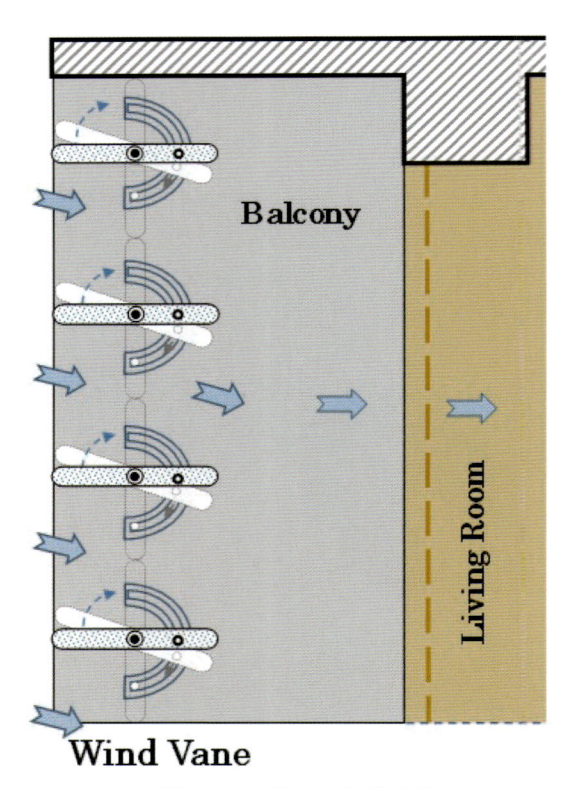

図81　Wind vaneを設ける

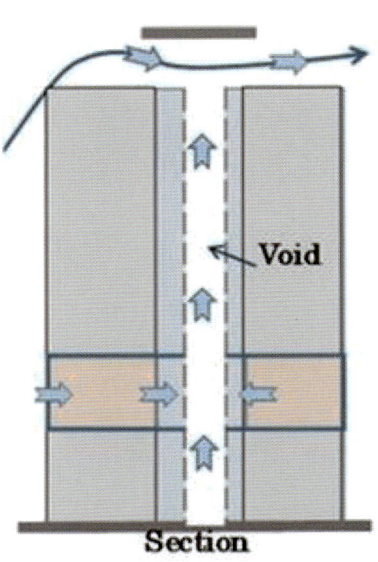

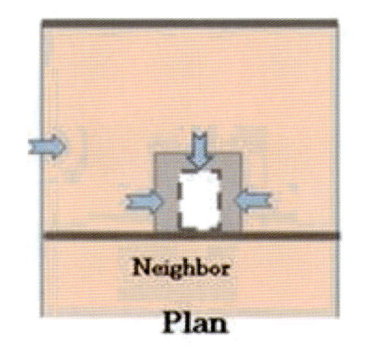

図82　ボイド

5-4　ビルで守る

　風の中に置かれた幅の広い屏風状のビルは、風を堰き止めたり上方に押し上げたり流れを偏向させたりすることができます。人間が棲む都市空間においてはしばしば風はいろんな禍を運んできます。例えば、工場の噴煙・悪臭・汚染物質などの公害や都市火災の拡散や延焼を風が拡大させます。このような都市問題に対して冒頭のビルを環境的にまた防災的に利用できないかを考えるのが今日の講義です。毛色を変えて攻めではなく守りに入っています。

　皆さんの最も身近な禍はやはり地震災害でしょう。阪神淡路大震災、東日本大震災など記憶に新しい。いずれも大火を誘発し多くの人命を奪いました。そして巨大津波には防潮堤なる盾が必要として、日本列島を醜いコンクリート壁で囲もうとの計画があります。遡ること1923年（大正12年）の関東大震災において東京では8万人近くの死者となる大惨事となり、火災によって下町のほとんどの木造家屋が焼失した。このような大規模な都市火災においては火炎竜巻が発生し、延焼をさらに拡大させると言われています。

京橋の第一相互ビルヂング屋上より見た日本橋及神田方面の惨状　1923年9月15日
関東震災画報　大阪毎日新聞社（Wikipediaより）

風洞（煙実験）

出典：Google map
©Google, ZENRIN, Cnes/Spot Image, Digital Earth Technology,
DigitalGlobe, The GeoInformation Group, MYMAP

墨田区白髭アパート

図83　災害と防災

　最初の2枚綴りの写真では焼け野原になった東京下町の光景です。人伝の話ですが火炎竜巻から逃げるように墨田川の水中に逃げた大勢の人が熱湯化した川で死亡したなど、悲惨な災害となりました。1970年、中野の気象研究所において相馬清二博士が1/250風洞実験によって火炎竜巻の再現が試みられ見学に行った記憶が蘇ります。その後、日建設計の依頼により亀井先生と共に白髭団地の防風効果に関する風洞実験を行い、写真のような巨大屏風状の防災拠点アパートが建設されました。このアパートは万が一の大災害に対する盾（備え）となりうるのです。

　つぎに環境問題について考えて見ましょう。

　東京湾一円にコンビナートなど煙突が立ち並び妖艶な夜の観光的景観を醸し出しているようです。もちろん煙突からの煙や火焔は環境規制によって問題なく設計されていると思います。例えば、噴出するガスの濃度、煙突の高さ、そして噴出温度などです。周辺住民は敏感になっていますので、万全の配慮が必要だと思います。R.M.Aynsleyの書籍[29]にある**図84**の挿絵のように古くから都市計画や市街地計画において街全体で風の流れを作る配置方法が地域風の最頻風向を考慮して、快適な環境を造りだすか考えられています。

　どうしたら大事な人を守れるか。それは誠心誠意体を張って盾になるしかないやろう！

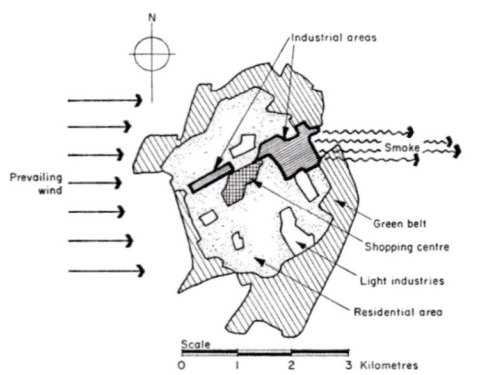

Plan of the town of Letchworth indicating location of industrial are: and prevailing winds.

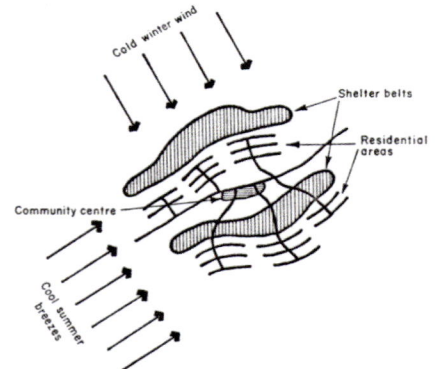

Use of shelter belts in New Jersey towns for protection from winter winds.

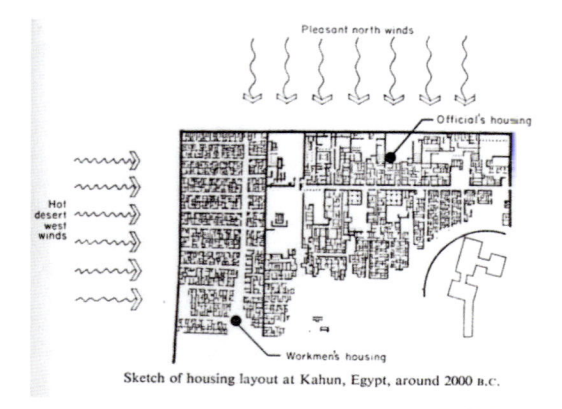

Sketch of housing layout at Kahun, Egypt, around 2000 B.C.

図84　都市計画における風利用[29]

第6章
魔物のビル風対策法

6-1　ビル風を吸収する

　「吸収」をイメージする素材は、真っ先にスポンジの弾力性とか水分吸収という語彙が思い起こされます。風の場合、ぶつかっていく相手が建物のように固い物体ですと跳ね返されてしまいます。そこで、ビル風の強さや乱れのエネルギーを吸収してくれるスポンジに代わる素材としては2通り考えられ、具体的には樹木と建物の凹凸（粗さ）です。前者の樹木はスポンジと同じように風（水ではなく）を通し、枝や葉との摩擦でエネルギーを吸収します、また後者の建物の表面粗さ（Surface roughness）との摩擦で吸収することになります。この講義は、話としてはかなり弾力性のあるものです。

　先ずは樹木が吸収する性質です。以前、「シリーズ1-(6)防風垣の性質」でも触れたように、風通しのある垣根の方が風を穏やかに変えそして後方の広い範囲まで風を弱める効果を持つことを述べました。これが冒頭の風エネルギー吸収（Absorb wind energy）の基本的性質なのです。さらにこの性質は、枝に葉っぱが着いている密度（専門的には充実率と言います）によって異なります。また、樹木の集合体で森でも密集しているよりも風通しのいい森の方がより効果的です。最初の**図85**はそういう性質を表してします。お分かりでしょうか。ビル風を和らげるには強風ゾーンに適量の樹木を植え、Gentleな風を作りだすことなのです。

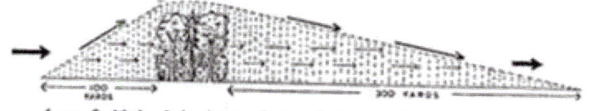

A 30-ft high shelterbelt affects wind speed for 100 yards in front of the trees and 300 yards down-wind.

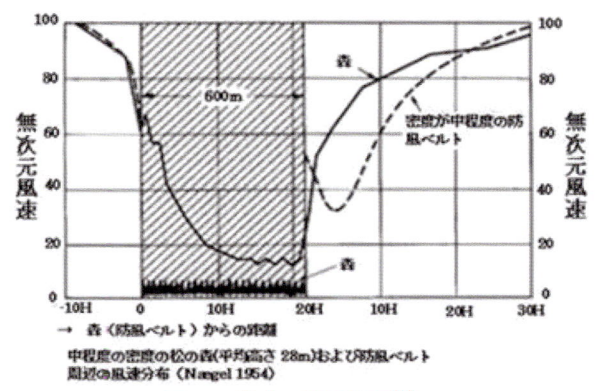

図85　樹木の遮風効果[30)]

ここで未発表ですが、日本大学生産工学部キャンパス内のビル風について、実測・風洞実験・CFD解析によって樹木の季節差による防風効果の検証を試みました。

図86　大学校舎内のビル風に関する実測・風洞実験・CFD解析

　樹木のほとんどは、**図86**の写真にあるように落葉樹の代表格である「桜」です。桜は4月に開花し、10月には落葉します。**図87**は観測点毎に風配図によって効果の程度を色分け（緑系は4月～9月、オレンジ系は10月～3月）で表しています。ばらつきはありますが緑系が風をより多く弱める傾向にあります。風洞実験は、相似樹木模型（全ての樹木を写真に撮り充実率を合わせたもの）を作成し樹木がある場合とない場合の各地点での16方位での風速比較をしています。樹木の効果は明らかに結果に現れており、コンピュータシミュレーションのCFD解析でも風洞実験と同程度の再現性を示しています。葉っぱのない桜の木でも結構働いています。

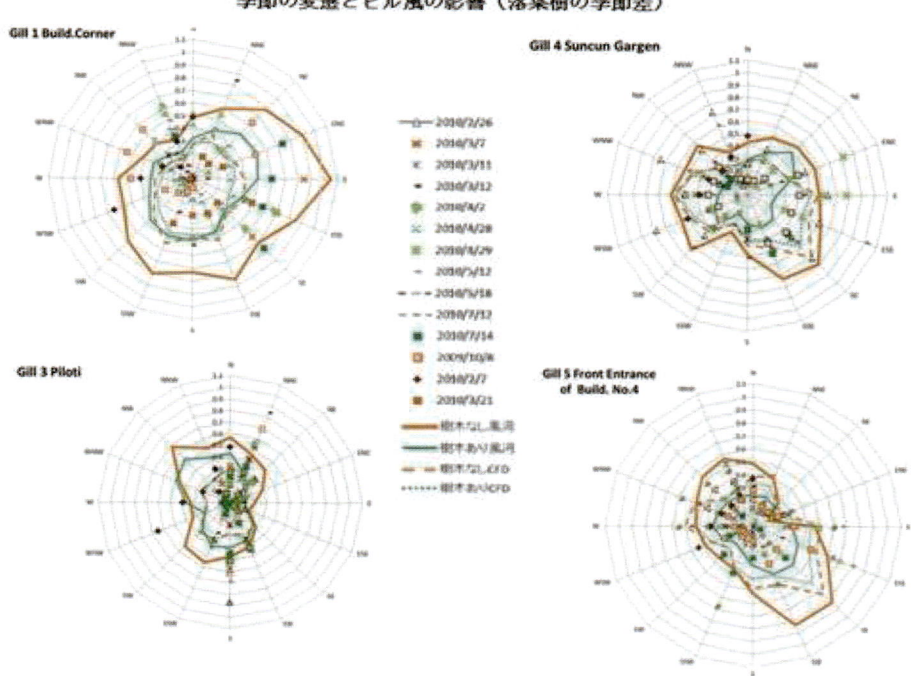

図87　結果の比較

　次に、建物表面の凹凸による摩擦効果です。この摩擦効果は凹凸の大きさに左右されますが、オフィスビルの窓サッシの粗さからシカゴのマリンシティーアパートのようなバルコニー（ベランダ）の粗さまで様々ですが、ビル風を弱めるには相当の凹凸が必要です。

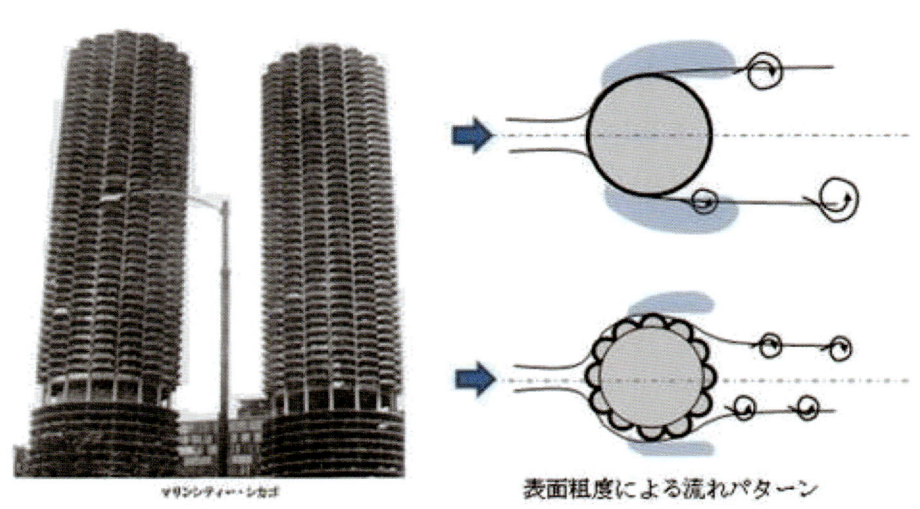

図88　建物表面粗度とビル風低減の仕組み

　ここで、バルコニーの出（d）と隔て間隔（w）を変化させた風洞実験の結果からビル風の低減効果を観てみます。**図89**は、バルコニーの出dが1mであっても隔て間隔wが4m以下になれば強風域を減少させ、とくに縦の仕切り「隔て」が強風ゾーン激減に効果的であることを示しています。8つの絵をじ～っと見比べると分かります。

　今日の弾力のある話は如何でしたか？　私の場合、乱れた心をabsorbしてくれる優しいスポンジもいいな～。

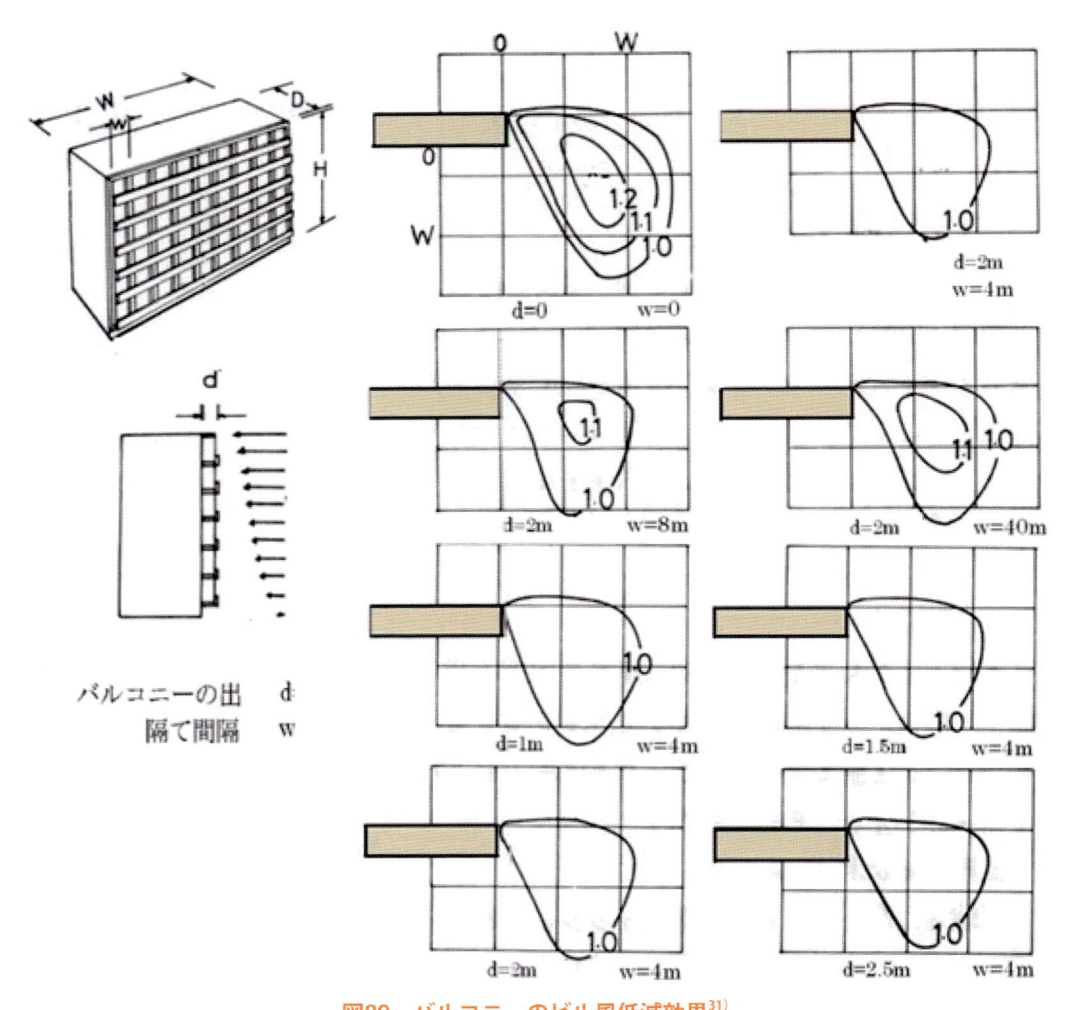

図89　バルコニーのビル風低減効果[31]

6-2　ビル風を逃がす

　「逃げた女房にゃ未練はない〜が・・・一つ聞かそう寝んころ〜り♪♯」一節太郎の未練がましい話ではない。また、皆さんのイメージするようなオッカナイオジサンに追われている娘さんを匿ってやるという時代劇でもありません。今日は、ビル風を思惟的に逃が（release）してやろうという純粋に学術的な手練手管の未練節をお聞かせします。

　ビル風の強烈な攻撃の矛先を変えるには

①高層ビルにCanopy（庇）・Partial roof（天蓋屋根）、アーケードそして墓石型低層部　を設ける方法と

②シェルターやフェンスに細工を施す方法が考えられます。それぞれの方法について期待される強風低減効果について紹介します。

　図90は、上層の強い風がビルにぶつかり下降するビル風現象（下降流：Down wash，逆流：Standing vortex）の詳細です。これを防ぐ手立ては①に示した庇・アーケード・墓石型低層部によって上空に流れを逃がし、歩行者の活動に支障をきたさないようにすることです。もちろん風向が変わったときの備えとして他の対策法との組み合わせるのも必要です。

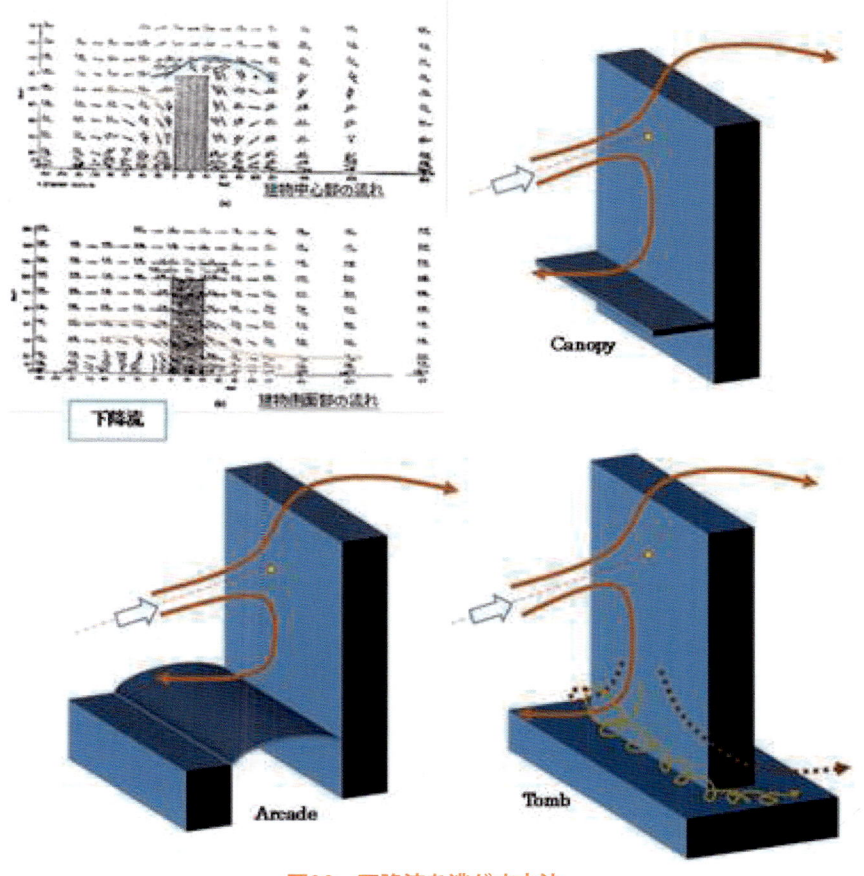

図90　下降流を逃がす方法

　図91は、イギリスのCroydonにあるShopping Center実例[32] であり、Dr. A.D. Penwarden & Dr. A. F. E. Wiseによる対策実験では天蓋屋根（部分的にスリットがある）と充実率75％スクリーンとの組み合わせでは相当の風速低減が認められています。

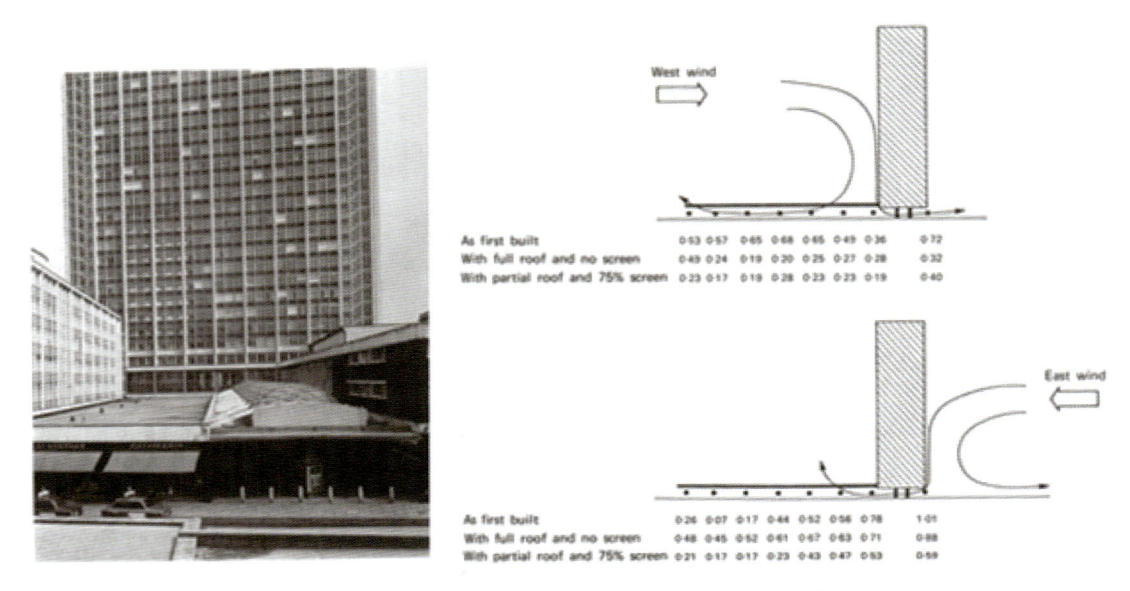

A. D. Penwarden ; Shopping-center (Croydon)

図91　スリットを設けた天蓋屋根による対策[32]

　墓石型の高層建築としては、何といっても新宿京王プラザホテルが代表格でしょう。昔、隣接する別館の依頼実験では、公表はできませんがその効果は確認済みです。

　最後の**図92**は、ビルCornerで発生する強風を和らげるための②の方法によるユニークな研究です。フランスのDr. J. Gandemer[33] は、ビル風を恣意的に偏向させる各種のフェンスを含むシェルターの風速低減効果を風洞実験で調べました。これは、シェルター背後の風速領域面積の大小によって風速低減効果を評価したものです。チャートは充実率100％の板塀と比べています。面積（S）が大きいほど効果があるということです。お分かりになるでしょうか？

　あの手この手と一生懸命尽くした挙句に逃げられる。逃げていくものには追っかけたくなるのが心情、喜ばしく見送らなきゃ。君はいつまでも未練がましい。

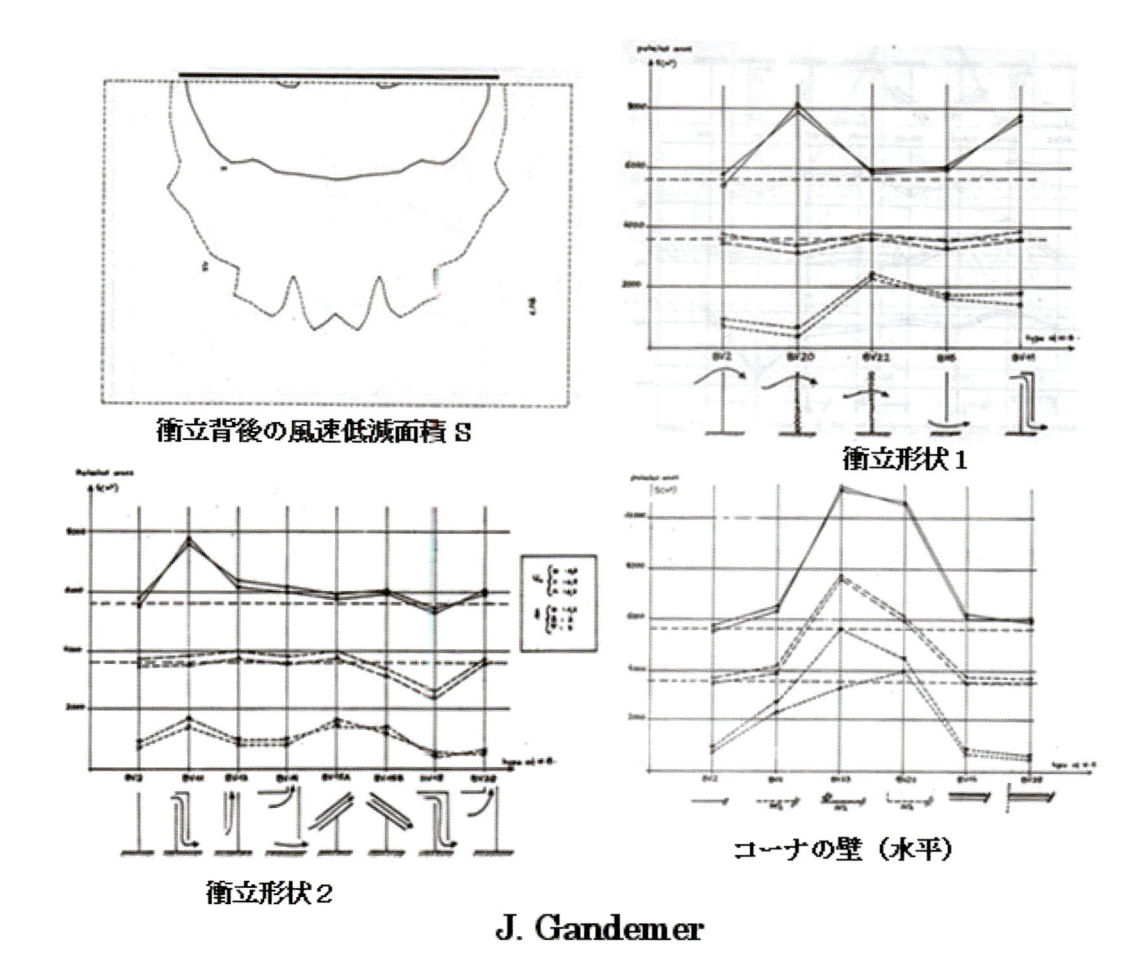

衝立背後の風速低減面積 S

衝立形状1

衝立形状2

コーナの壁（水平）

J. Gandemer

図92　フェンス形状による強風を逃がす[33)]

6-3　ビル風をシャットアウト

　"Shutout"、耳触りは頗る良いのですがことビル風に関しては不可能です。Moderateな風を作ることしかできない、いやその方が良いのです。今日の私は立て板に水のようですが、滑らかな口先ではなく誠意をもってことにあたろうと思っています。板でもって流れ来る水を100%抑え込もうとすると、水は両脇へと100%逃げていきます。ビル風に限っては、我田引水の方が他人に迷惑を掛けないで我田が潤い心地よくできる。そんな願ってもない手法が今回の講義の目玉であり、見逃したら後悔します。

　風を抑え込む道具には、一般的に衝立、ネットフェンス、樹木が考えられます。"虫よけ‥、網戸いらず"ではありません、今日は網戸が必要な話です。でも網戸の目の粗さ（充実率：網素線の全面積／外枠に囲まれた面積）が問題なのです。"ビル風に効果的な充実率は？"と問われると、"経験的にはϕ＝50%程度が効率的に最も良いそうだ"と答えています。何故って、先日のTVで100を50・50とする分割は50×50では2,500が最高、40×60では2,400、おふざけ冗談が過ぎたようです。でもこのでか口は、実験的には後で紹介する事例で説明できると思います。

　図94は、2棟の建物間を抜ける谷間風を風速の強さ分布で表したものです。赤いZoneが風速増大の領域で、間隔の違いがわかりますね。

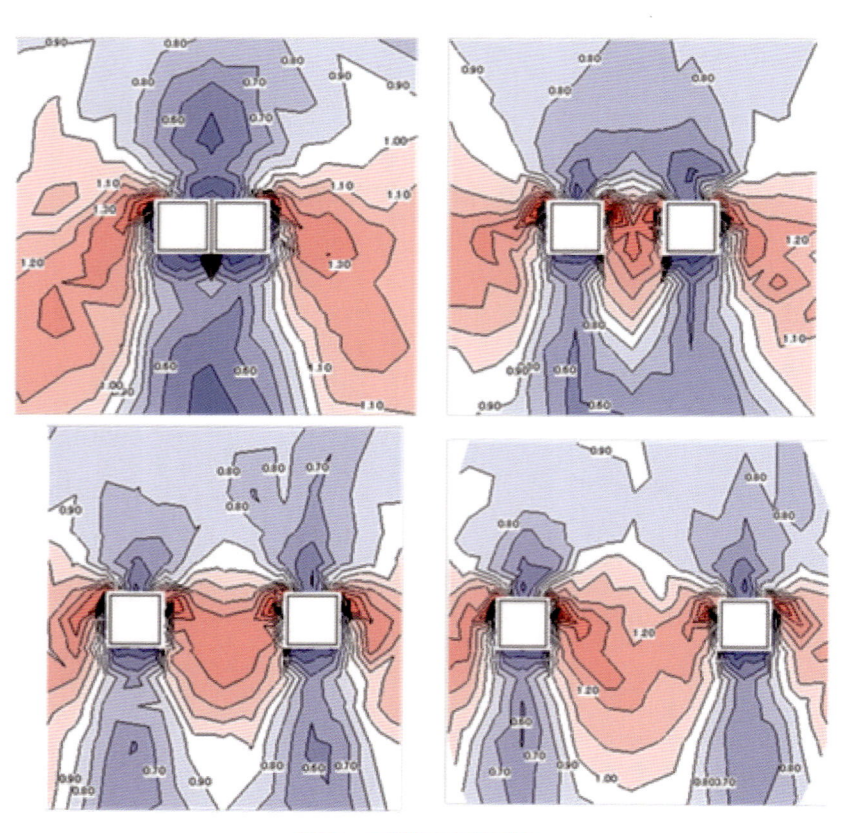

図93　2棟間の風速分布

　図94は、パリ・デファンス（新都心）にあるアルシェの凱旋門に設けられたガラスの衝立です。素材の衝立は100％充実率のガラス板です。図94の風速増大に加えて崖下から吹き上げてくる強風をガラスの堰板で食い止めようとの考えですが、冒頭のわきに逃げる強風に対しては4重の千鳥配置でカバーしています。歩行者は風を感じないでガラス衝立の間をジグザグに通り抜けることができるのです。ちょっと不便さはありますがビルとビルの谷間、地下道、あるいはピロティなどに設置すると効果的です。

図94　パリ・デファンスのアルシェの門に設けられたガラスシェルター

　図95は、フェンスの遮風効果です。100％充実率の堰板背後の風速低下は80％と著しいが直ぐに回復する、対して極めて風通しのいいフェンスにあっては30％と少ない低減に留まっているがその効果は背後に広く持続している。これがModerateの意味です。お分かりでしょうか？

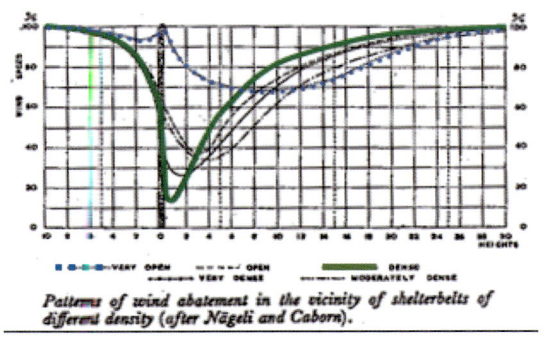

Patterns of wind abatement in the vicinity of shelterbelts of different density (after Nägeli and Caborn).

図95　フェンスの充実率による遮風効果[30]

　最後は、このModerateな効果を樹木で立証してみました。枯れ木に花を咲かせましょう。私は、花咲爺さんではありません。

　最初の風洞実験は、"樅ノ木は残った"（山本周五郎）のお家騒動のような実験です。樅ノ木の葉を落としながら充実率を変え、その背後の風速分布を測定してみました。60％充実率の樅ノ木は、92.5％のものと低減効果に遜色はありません。さらに言うなれば、すべて落葉した30％充実率の樅ノ木でも25％の遮蔽効果を持ち合わせている。また落葉樹の桜の木でも群生して植えれば25％以上の効果を期待できる。しかも、冬場には地面に太陽が差し込むことを考えれば、一石二鳥です。まさに花咲爺です。

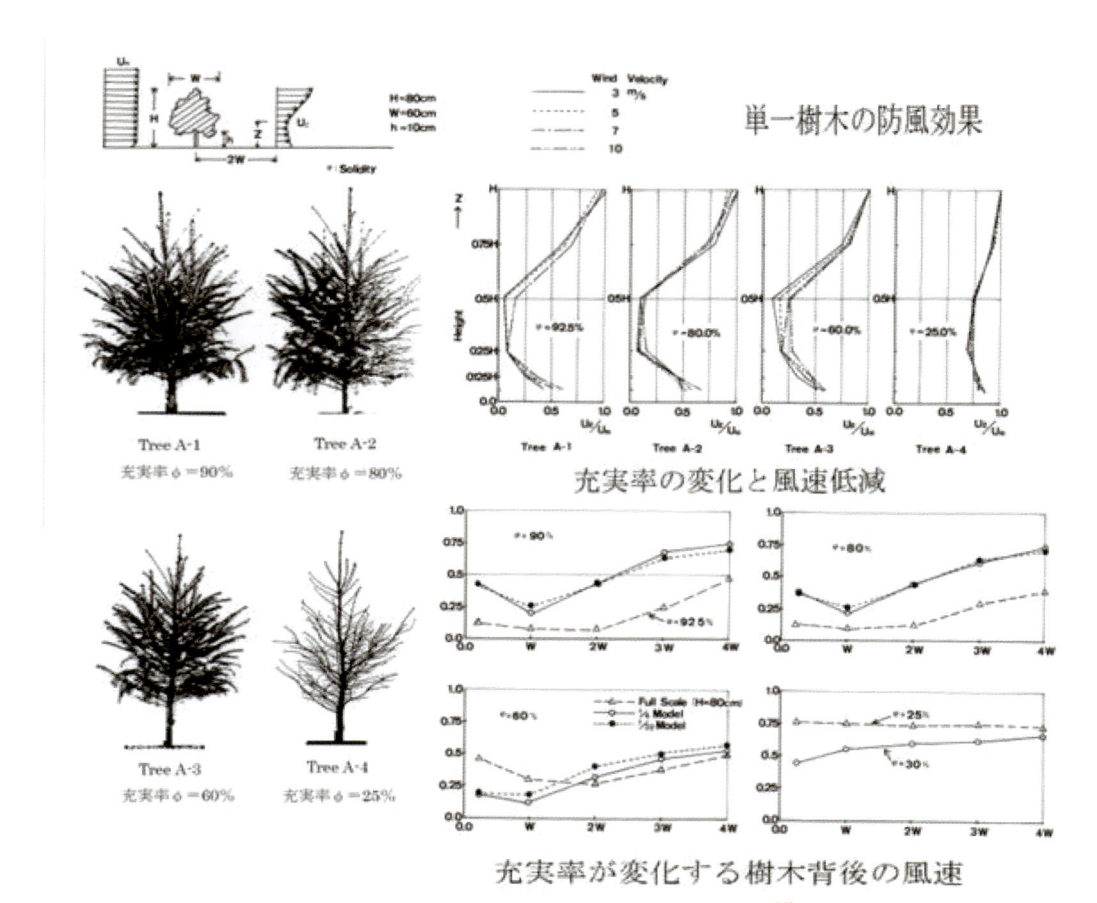

図96　樅ノ木の充実率変化による遮風効果[35]

　この結果に気を良くし、縮尺1/300のミニ樹木の開発を試みました。そして、その樹木の配置の仕方でビル風のModerateな遮風効果を求めて実験したのです。Targetは高層ビルコーナの強風領域です。最初の事例は、風向に正対する平行配置（建物長手方向に平行でかつ充実率50％）です。建物側面から突き出た最後の配置がBestな遮風効果を得ました。次の事例は、建物周囲を取り囲む配置です。樹木を密に植えるよりも、ある程度間隔を置いたほうがより効果的で、実験ではGタイプの配置が最も効果的な結果です。

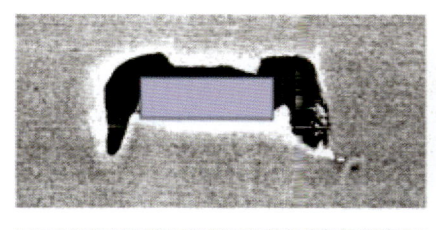
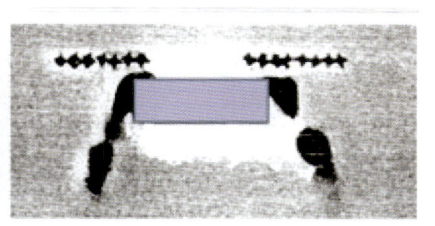
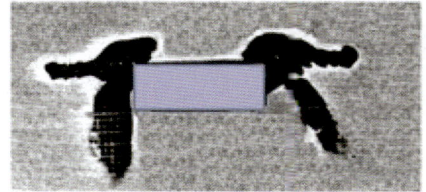
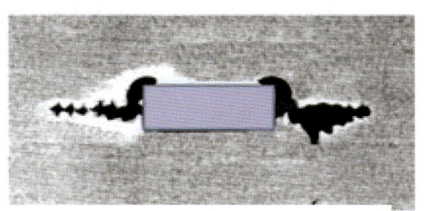

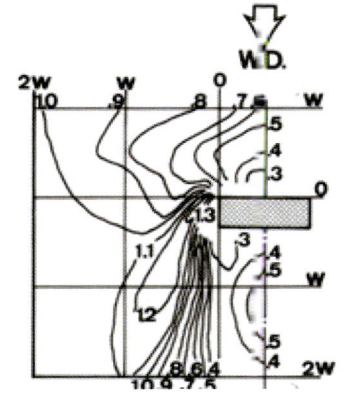

a) 樹木なし
（模型寸法 20×13×6 c m）

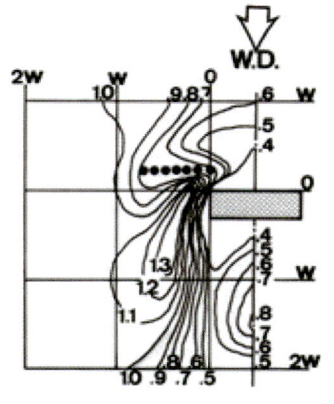

b) 樹木間隔 a=0
樹木位置 b=-3cm

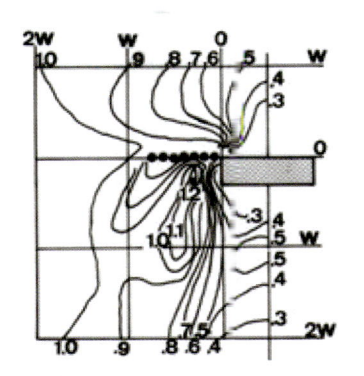

c) 樹木間隔 a=0
樹木位置 b=

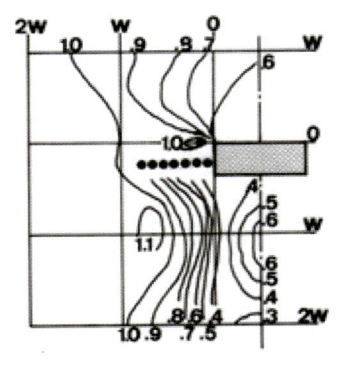

d) 樹木間隔 a=0
樹木位置 3cm(中央)

＜平行配置＞

図97　樹木の配置と強風域低減効果1[36]

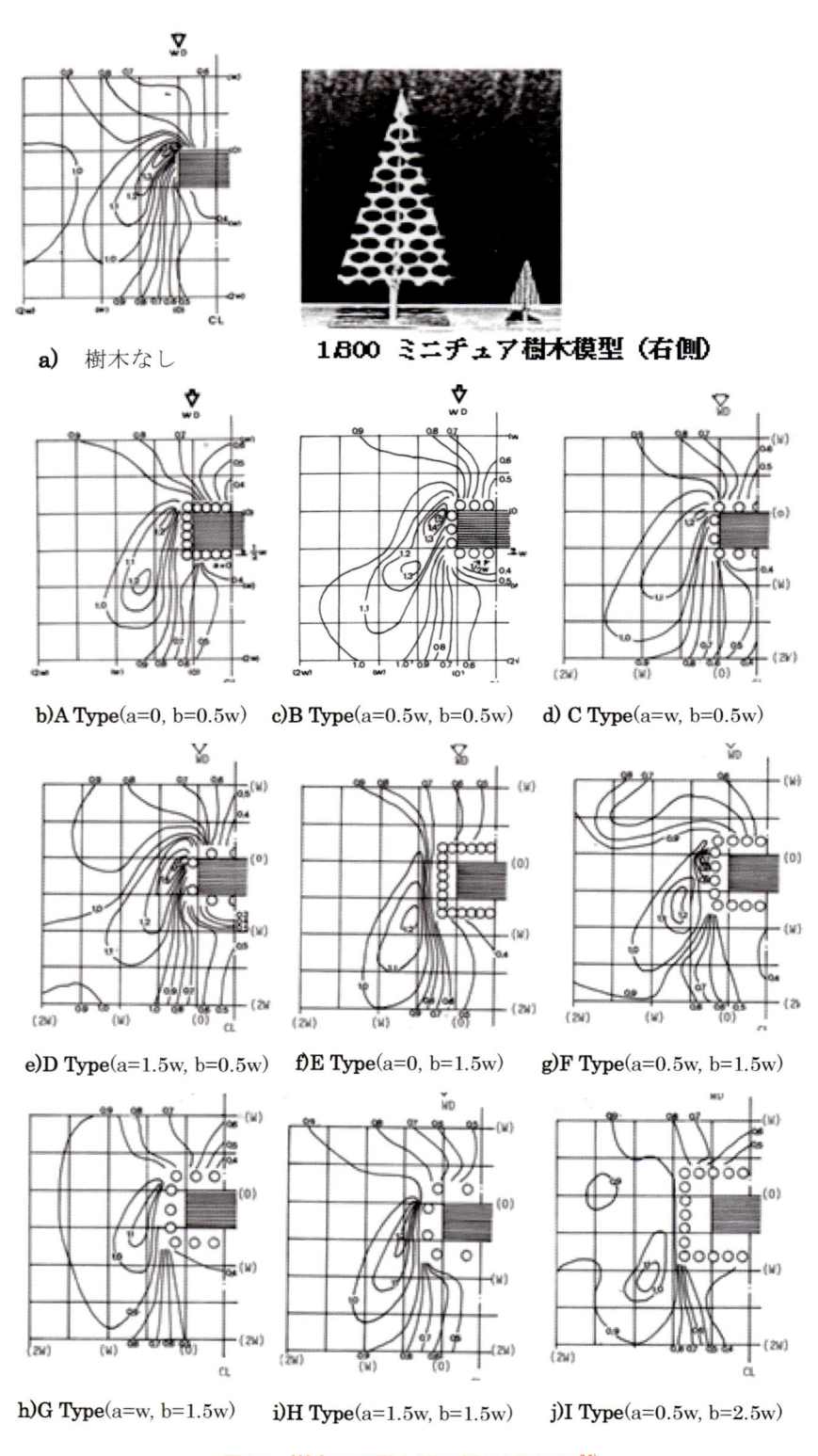

a)　樹木なし

1.800　ミニチュア樹木模型（右側）

b)A Type(a=0, b=0.5w)　c)B Type(a=0.5w, b=0.5w)　d) C Type(a=w, b=0.5w)

e)D Type(a=1.5w, b=0.5w)　f)E Type(a=0, b=1.5w)　g)F Type(a=0.5w, b=1.5w)

h)G Type(a=w, b=1.5w)　i)H Type(a=1.5w, b=1.5w)　j)I Type(a=0.5w, b=2.5w)

図98　樹木の配置と強風域低減効果2[36]

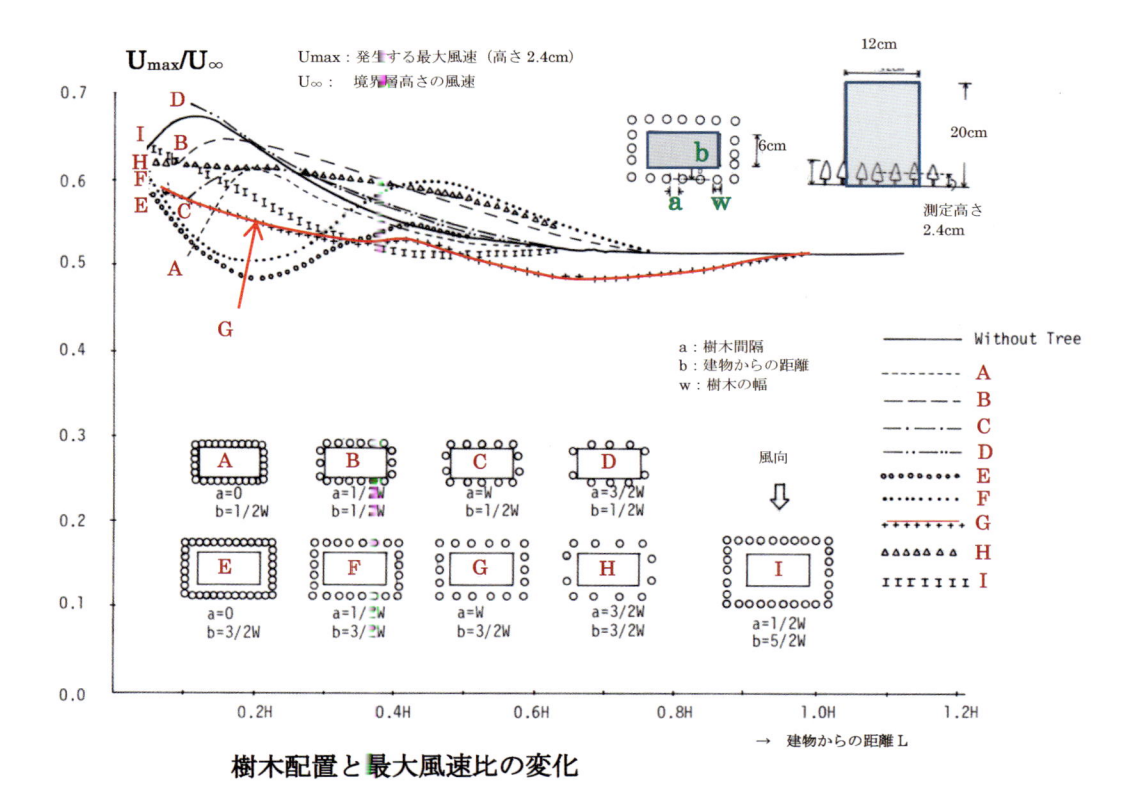

樹木配置と最大風速比の変化

図99　樹木の配置による風速低減

6-4　悪霊を祓（はら）う

「山のあなたの空遠く、・・・」、それそこのお隣さん言ってみろ、「山のアナ・・・アナ」、「狸だね。なんで穴ばっかり探すんだ」、今ではご存じない方が多いでしょうが歌奴の落語の一節だんべ！まんず今日はビル風対策の穴探しってところでしょうか。ビル風解決に遮る障壁に風穴を空ける、そんな斬新な方法が未だ残っていたのでしょうかと疑う御仁、今日の講義は、まさにビルに穴を空けたり切り取ったりする、蜥蜴（とかげ）の尻尾切りみたいなものです。悪徳政治家が絶体絶命の難から逃れるときの苦肉の策「秘書が！」ですね。分かるかい？わかんね〜だろう〜な！

　ビル風効果を小さくする最後の手段は、自分の体に穴を空けたり耳を削いだりする自虐的行為しか残っていない、まさに悪霊を祓う究極の行為です。

　さて、その行為とは、

(1)　空洞化：建物に穴を空けることで風に抵抗する壁面積を減らす。

(2)　隅欠き：建物コーナではく離する流れを滑らかにする（究極は流線形）

(3)　セットバック：日照確保に用いられる妥協的施策で、段階的に建物高さを減らす。

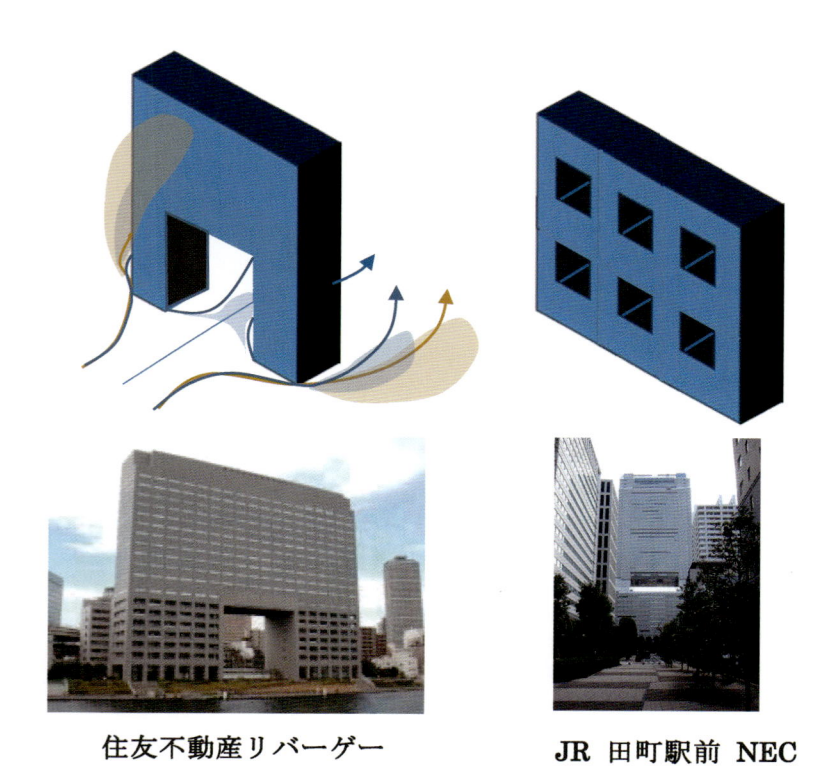

住友不動産リバーゲー　　　　JR　田町駅前　NEC

図100　空洞化の例（写真はGoogle map）

　これらは、建築の有効（利活用）面積を減らす、非効率的な設計計画行為なのです。しかし、これは建築的には最も無駄な設計ですが、ビル風を弱めるには最も有効な対策方法なのです。
　隅欠きの方法について少し補足しておきます。流体力学的に考えると、鋭い角をもつ四角い平面の建物が風の抵抗を最も強く受けます。その角を順次切り取っていくと究極は曲面に到達し、建物周辺に回り込む風の流れはより滑らかになります。角張った昔の自動車が現代の流線形になることで、風の抵抗が減りスピードが増しかつ省エネになる理屈と同じです。しかし注意しなければいけないことがあります。それは流線形の流れがその土地の最頻風向に向かせる必要があります。

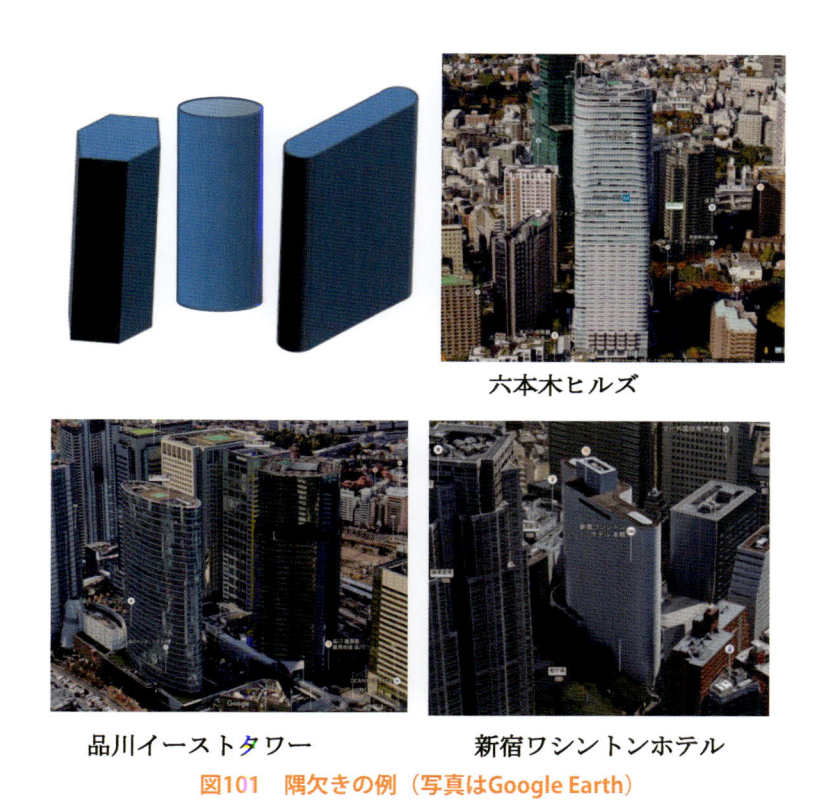

六本木ヒルズ

品川イーストタワー　　　　　新宿ワシントンホテル

図101　隅欠きの例（写真はGoogle Earth）

　わが国で一番無駄な建築でかつ最もビル風対策を考えた建築は、セットバック型のパシフィコ横浜だと思います。以下の建築写真はすべてGoogle Earthからの転用ですが、パシフィコの写真にも見られるように鋭角のコーナは海側に、反対側はセットバック型の曲面で切り取られかつ低層部を設けるという念の入れようには感服します。
　ビル風の悪霊を祓う最終手段は以上ですが、大胆になるほど効果絶大です。僕はなかなか大胆になれず何にも掴めない。わかんないだろ〜な！

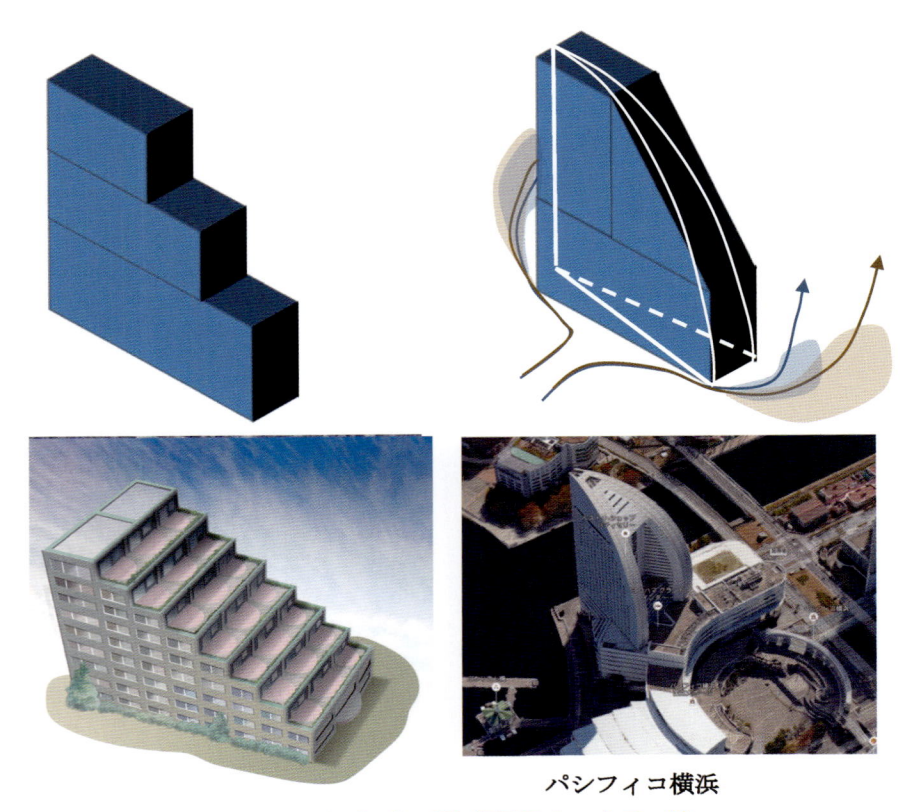

パシフィコ横浜

図102　セットバックの例（写真はGoogle Earth）

第 7 章
ビル風測定の限界を認識する

7-1 風洞実験の妄想

　人は肌で感じる刹那の風をそこに居合わせた感覚として刻むだけで、「風強かった〜」と窮状を訴えるしかない。現状をビジュアルに表現できて初めて透明な空気の動きを捉えることができるのです。これまで人は風に色を付けたり、吹き流しを設けたり、またシャボンを飛ばしたりして漸く風の存在を明らかにし、風の向きや強さを白日に晒すことができた。しかし、広い地域の風を把握するにはまどろっこしい限りです。今日の講義は、この靄々（もやもや）を払拭する術について考えます。

　私が思うに、ビル風を測る最も優れた道具は風洞しかない。これを事実とするも、ここに盲点があります。ご存知のように、日本でコンピュータが出始めのころ銀行の出納窓口でのやり取り、「コンピュータがやっているので間違いがありません」を思い出してください。プログラムのバグと入力ミスは付き物、コンピュータを盲信する余り真実を見逃してしまいます。風洞実験も同じです。ここで風洞実験がより真実に近くなるための項目を要約しておきます。これら一項目でも疎かになっている実験は眉に唾して見た方がいい。

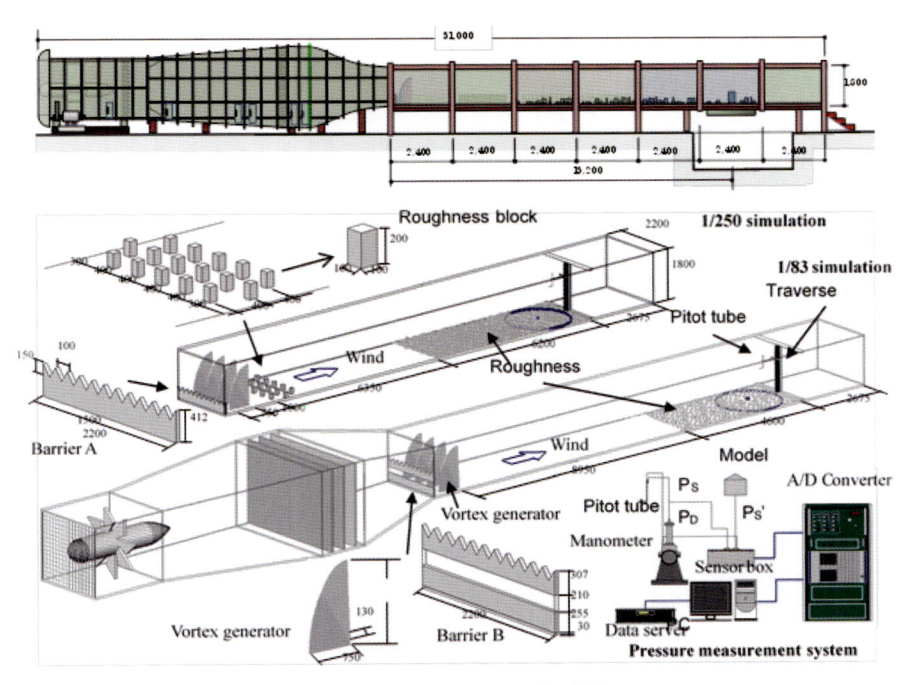

図103　境界層風洞と計測装置

(1) 風洞実験の相似性：

　実際に発生しているビル風が風洞実験で計測した現象と相似になっているかどうか。これは、評価地点の風向と風速比（基準点風速に対する評価地点風速の比）が一致しているかどうかです。この相似性を期待するには最初の図で示すような専用の風洞を用いて建設地域を代表する相似な風洞気流を再現（Simulation）することが必須です。勿論、風洞の風は人口風ですから自然の風のように非定常な性質ではなく、Simulationした風はモータが止まらない限り時間経過とともに崩れることはありません。従って、自然風のある風速の条件下で当てはまるように相似性を検討しなければいけません。言い換えると、強風時と弱風時の風の性質が異なるので相応の相似性が求められる訳です。

(2)実験に用いる模型：

　建物に向かってくる風が北方位（N）から吹くと想定したにしても、風上に大きな障害物や地形の変化があると北北東（NNE）から吹いてくる矛盾が生じるので、できる限り広い範囲を再現した周辺模型を製作することが望ましい。また将来、隣接建物が建設されるとも限りません。その影響は絶大です。もし、隣接地の将来計画がわ分かっているなら、その存在の有無による影響も調べる必要があります。また、傾斜地の処理も問題があります。地盤模型の先端が崖になってしまうと実験は別物に変貌してしまうからです。いずれにしても風洞実験模型は高価なものになります。写真の模型は40年前で500万円もしました。今は3Dプリンターが出現し安価になりつつありますが、高額になることは疑う余地はありません。

図104　風洞実験模型

(3) 計測に用いる風速計：

　日本では、ビル風の風洞実験において最も頻繁に用いられる風速計は無指向性のサーミスタ風速計と熱線風速計です。研究用にはレーザとレーザシート風速計やI型・X型熱線風速計などを用います。前者の無指向性風速計は全方位型（スカラー積）ですべての方向から吹いてくる風を拾いますが、後者は基本的にはベクトル（方向と強さ）計測です。さらに付け加えると、前者は平均風速専用で後者は瞬間風速まで測ることができる。平均値しか測れない風速計で瞬間風速を評価するには、第4章4-3瞬間風速で学んだガストファクター（突風率）を掛けることになります。しかし、スカラーとベクトルの違いは結果にズレが生じることは歪めません。最近、実測で多く使われているのが超音波風速計(Sonic：ベクトル計測)なので、無指向性風速計を用いた風洞実験結果の整合が問われます。

(4) 計測方法

　気象庁が16方位の気象データを示していることもあり、風洞実験の実験風向も16風向に制約されることになります。ここにも盲点があります。測候所の統計は風の頻度風向を16方位に丸めているが、実際は、ビル風の強風が発生している風向は16方位から外れた風向の場合、これを欠測することになるのです。また、(3)で示した風速計を用いた場合、測定する場所が連続的ではなく離散的となるので問題地点を取り逃すこともあります。さらには、模型の縮尺率において風速計の寸法が大きくなった場合、狭い通路の風は全く違ったものになり何を測っているか分からなくなってしまいます。

(5) 防風対策実験：

　第6章で述べた防風対策の方法は、問題とされる強風地点が風洞実験により見いだされた場合、その対策法として施される実験として位置付けられますが、時として建設後に検討を余儀なくされることがあります。この場合、植栽によって対策を講じることがありますが、樹木の生長や季節変化による落葉も考慮に入れておく必要があります。また、植栽によるビル風防風効果の風洞実験はミニチュア樹木になるほど疑わしくなります。

(6) 風洞実験の精度：

　風洞実験は、大きな模型ほど精度が高まります。しかし、縮尺率が小さくなるほど風洞気流のSimulationが困難となります。これまでアメリカのJ.E. Cermak 博士が縮尺1/50が知りうるところです。これは、高度の研究レベルの話であり、一般的には1/250 ～ 1/500の縮尺率の実験とすると高さ100mのビルでも40 ～ 20cmの大きさとなります。先述の直径4mmの風速計センサーは、実寸で1m ～ 2mに相当します。また、大きな実験模型の場合、風洞の流れを塞いでしまいます、これを閉塞効果（Blockage）といい自然の流れとは別物になります。さらには、大きな模型が風洞壁に接近したりすると流れを偏向させてしまう、いわゆる壁効果（Wall Effect）の影響が生じ、ビル風計測どころではありません。

　ちゃんとした研究者は、これらの項目を満足させるように普段の努力がなされています。設計者も住民の方々もこれらのチェック項目を念頭に風洞実験資料を読み解く必要があります。私の妄想も読み解かれていこう！

7-2　ビル風観測の空しさ

　「待てど暮らせど来ぬ人を　宵待草のやるせなさ〜♬」、竹久夢二の宵待草です。今日は「夢二」研究ではなく、屋外観測のやるせなさを知ってもらいたい。40数年前、富士の裾野に3年間も待ち続けたのに、出費だけが嵩んだ風圧観測の虚しい思い出を回想しています。まさに足蹴く通い、指名したお目当てが来ないで飲み代がくる情けなさです。ビル風観測はもっと哀れです。今日の講義は、袖にされ、待ち草臥れてしまうとういうようなビル風観測の話です。冗談じゃない、「役所のアセスメントの実測が強制され空しいとは何事ぞ」とおっしゃる御仁、今日は見逃せませんぞ。

（㈱大月書店発行）

図105　竹久夢二　宵待草

　では早速続けましょうか。

　私は、風観測を無味蒙昧な作業とは申しておりません。観測点で測られた風速データそのものは真実であり、その地点の風の性質を表している。とくに、長期観測された風速発生頻度は得難いものです。指定した場所のビル風を観測によって捕らえるのは至難の業です。最近では、CFD解析と実測を組み合わせたWind Mapシステム（Wind-Style社）などは、風況をリアルタイムに知らせる「ビル風予報システム」も開発されているので悲観的ではありません。

　しかし、安易にビル風観測を要求されても、

(1)風速計を設置した場所に果たしてピンポイントに吹く強風を捕らえられるかどうか、

(2)計測装置・データ整理に云千万円という出費に見合う成果が得られるのか、

(3)高層ビルの作り出しているビル風がどの程度の影響を示すか実測から判断することができるのか、

という問いかけに答えられる方が正直どのくらいおられるでしょうか。

　「ビル風紛争の裁判において実測の裁定が下されても真の結論が出るには100年掛かる」という、今は亡き恩師からの教えが今も残っています。100年は誇張的かも知れませんが、結論を得るにはそれほど日数がかかり、被告・原告ともに虚しくなります。地方行政におけるアセスメントの要求する実測、何方がご指導なさったのか分かりませんが、豊洲や五輪競技場建設の大雑把さにも似た匂いもする、役人の自己満足（お得意の責任回避）の域にあるまさに無知蒙昧な要求です。

　ビル風観測において最も重要なのは、風速計の選定と基準風速の観測です。最初の図のように風速計には色々ありますが、瞬間風速まで観測したいと思いなら超音波風速計（Sonic anemometer）でしょう。なにせ、これまでもお話ししたように、ビル風の人間活動に及ぼす評価時間（第4章4-3参照）が1秒前後なので、これに追従できるのはSonicに限定されます。1機の価格で、**3D-Sonic**は80〜300万円、**2D-Sonic**は10〜15万円、周辺機器を入れると住宅が1軒買えるほどすこぶる高価です。

①風杯式風速計
Anemometer・Stefan Kühn

②風車式風速計　風向や風速を同時に計測するためのセンサー（wikipedia.タロウサ）

③三次元超音波風向風速計WindMaster
3D Anemometer（Gillinstruments）

④２次元超音波風速（株式会社フィールドプロ）

図106　ビル風観測に用いられる風速計

　基準風速については、風速を測定する場所をどこに選ぶかです。一般には、写真にあるように高層ビルの影響を避けた屋上や遠く離れた場所を選びます。屋上の場合、ビル自身の影響を避けるとすると15m以上のポール上に風速計を設置しなければならない、しかも避雷針付きです。この工事で最低200〜400万円以上要します。また風上に障害物がないことも必修ですし、屋上面積が広いビルでは場合によって2機が必要となります。気象測候所やアメダスについても周辺障害物の影響を受けている場所は少なくありません。それほど難しいのです。高層ビルから遠く離して風速計を設置するといっても広大な私有地の中で高いポールを立てるならいざ知らず、他人様の土地にはそう簡単な話ではありません。地上点の観測ですが一般には地上3mの高さで風速計を設置します。これも、公道では許可を取るのかが難しいし、街路樹の影響も避けなければならないなど専門家の手助けは必要ですね。

図107　ビル風観測状況

　一方、折角測った記録が台無しってことにもなります。実測は風洞実験のような同時性・均一性（厳密にはそうでない）が期待できない。すなわち、風が基準風速点と地上評価点に平行に吹く場合を除いて、最後の図で見られるように、ほとんどの風向では両者の距離差による時間ズレ（Time lag）が生じます。言い換えると、風が移動すること（Wind shedding）によって時間差が生じ両者の比較ができなくなってしまうのです。専門的には両風速同士の相互相関関数から算出する面倒な作業が必要です。この時間差による問題は、基準点風速との割合（風速比）を正確に確定できなくなる恐れが生じるからです。

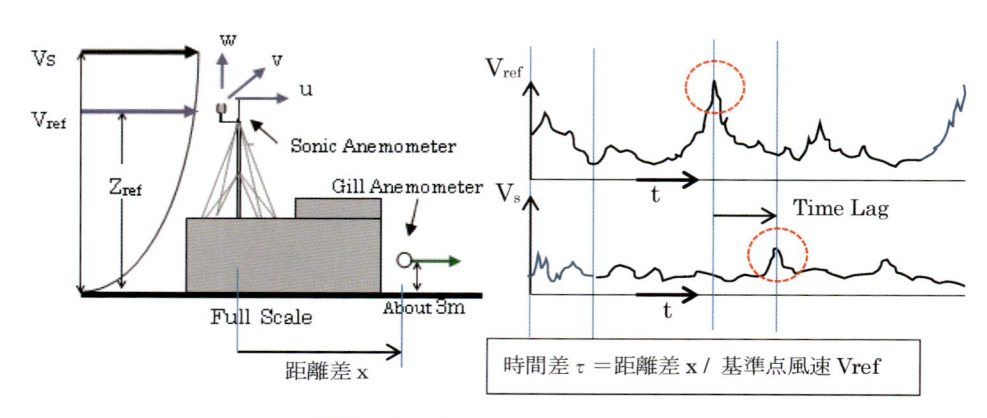

図108　基準風速観測点と地上観測点の間のLag time

　行き違いによる意思疎通というのが厄介なことで、問題解決には先ず相手を良く知ることが大事です。でも僕の今は夢二の心境です。

7-3　風砂法のマジック

「砂山の〜砂を〜指で掘ってたら〜　真っ赤に錆びたジャックナイフが出てきたぜ〜♪」「甥らはドラマー　ヤクザなドラマー、・・・、吹っ飛ぶぜ〜♪」、今日は裕次郎ばりです。設計計画においてビル風の影響をいち早くGetできることは凄い武器になります。魔法のように一瞬のうちに強風領域が現れたらビックリポンです。今日の講義は、嵐も吹っ飛ぶようなビル風マジック、その種明かしをしようという話です。見逃せませんぞ。

　ビル風によって発生した強風領域をビジュアルに見せる方法は、これまでもBREのA.F.E. Wise博士（1970）による油膜実験[37]（**図109**）がありますが、専用の風洞や専門技術が必要で大がかりになってしまいます。

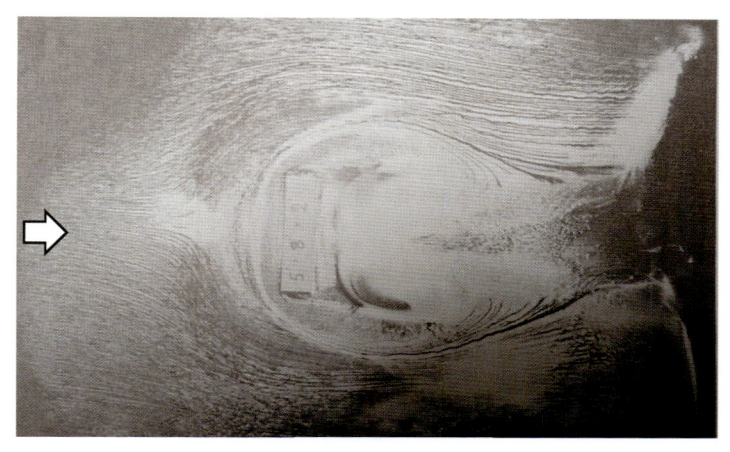

油膜法
図109　油膜法による流れの可視化[37]

　もっと安価で簡便かつ瞬時に結果が分かる欲張った方法が風砂法です。この方法は、40年前に竹中技研の岩佐博士が始めたもので、学会でも論議を呼びました。彼の研究は、風速計による風速との対比によって強風域内の風の強さを風砂法で求めようとしたものです。実際これはあまり普及しませんでした。と言うのは、やはり実験が大変面倒なのです。それよりもコンピュータの普及によって第7章　7-1で述べたサーミスタ風速計による多点同時計測が主流になってしまいました。

　設計の企画段階では、強風領域の風速なんか知る必要はないのです。いち早くビル風の影響を知り、次の計画案での修正に生かせることが優先されるのです。そういう意味で、風速なしの単なる風砂法で十分、正確ではないけれど、これで大いに説得可能になるのです。誰でもが簡単に強風領域を作りだせる魔法の風砂法を今日は紹介します。**図110**にある2つの写真を比較して観てください。同じボリュウームの建物模型で対策前と対策後（風が通り抜ける集合住宅）の様子を示していますが、結果は歴然です。

a) 対策前　　　　　　　　　　　　b) 対策模型

図110　風砂法による強風域の可視化

　風砂法による強風域は、風の強さのみならず渦による乱れが砂を吹き飛ばすという原理から生じたものです。

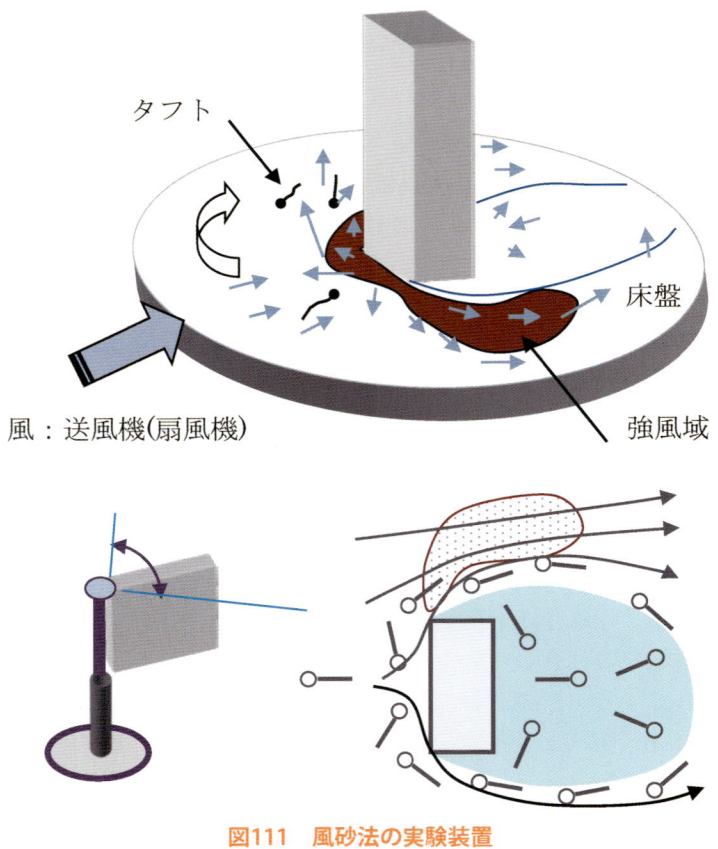

図111　風砂法の実験装置

　実験は、円い盤上（表面に赤・黒・緑などの塗装を施しておく）に篩（フルイ）で均等なに敷き詰めた砂（模型屋さんに売っている白砂もしくは木屑パウダーなど）を少し離れた位置から送風機（家庭用の扇風機でよい）によって吹き飛ばされ盤面がむき出しとなって強風域が顔を出す仕掛けです。知りたい方位の風は、盤を回せばいい。注意は飛散粉末によって喉を悪くする恐れもあるのでマスクをして実験すること、また時間とともに浸食域が拡大するので、扇風機のスイッチONから一定の時間をきめてOFFにする。それだけでいいのです。

　ビル周辺の風の向きを知りたければ、**図111**に示すような小旗を適当に配置すれば、風の強いところは動かず、乱れの多いところは大きく左右に振れ、そして渦が巻き風向が定まらないところは回転します。では、だれにでも作り出せる道具作りのレシピを**図112**によって紹介しておきます。ビル風対策で首が回らないということはありません。

　これで、ビル風の強風域は白日夢のように現れます。洗いざらいむき出しになっているのが今の僕です。助けてと叫ぶも差し伸べるやわらかい手はいまだに！

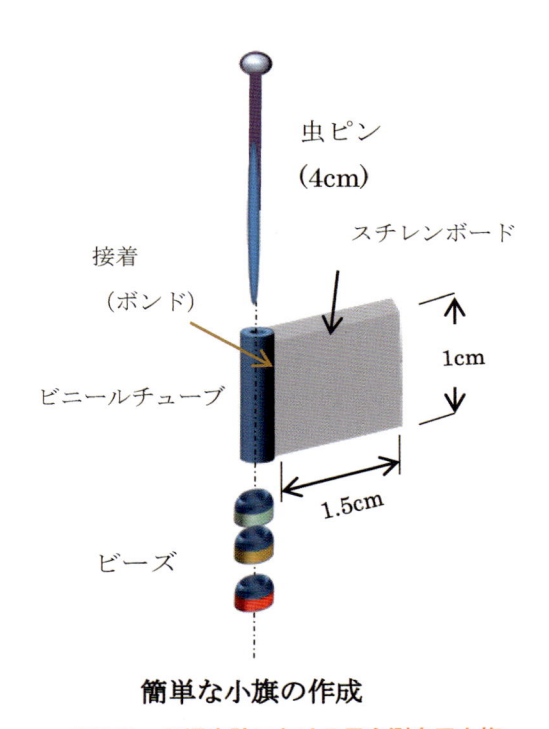

簡単な小旗の作成

図112　風洞実験における風向測定用小旗

7-4　CFD(Computational Fluid Dynamics)の怪進撃

　Deep Learningを駆使したAIロボットがプロ棋士を打ち負かし、ホームのご老人を癒してくれたりするご時世です。CFDのビル風解析に驚いていては始まらない。今日は秋季講座、最後の講義なので真面目に終わりたいと思っています。

　先日、携帯電話の機種変更に近くのソフトバンクショップに出かけました。入り口に入った途端ペッパー君からご挨拶を受け戸惑う老人を想像してみてください。近くに寄って悪戯しようとした途端に目が合い「ご用件は？」なんて言われて、少し恥じらいながら後ずさりする始末でした。CFDもそれ以上に進歩していますので皆さんも逃げないでAIロボット以上に学習してください。

　では、CFDは風洞実験や実測と比べてどの程度の信頼性があるかを観てみます。**図113**からもお判りのように、3者の傾向は認められるもののこれといった決め手は見当たりません。これまでの講義でも触れたように実測はばらつき、また風洞実験はサーミスタ風速計を用いているのでスカラー値で実測やCFDのベクトル値との差異もあり、正直、胸を張ってお答えできる状況にはありません。

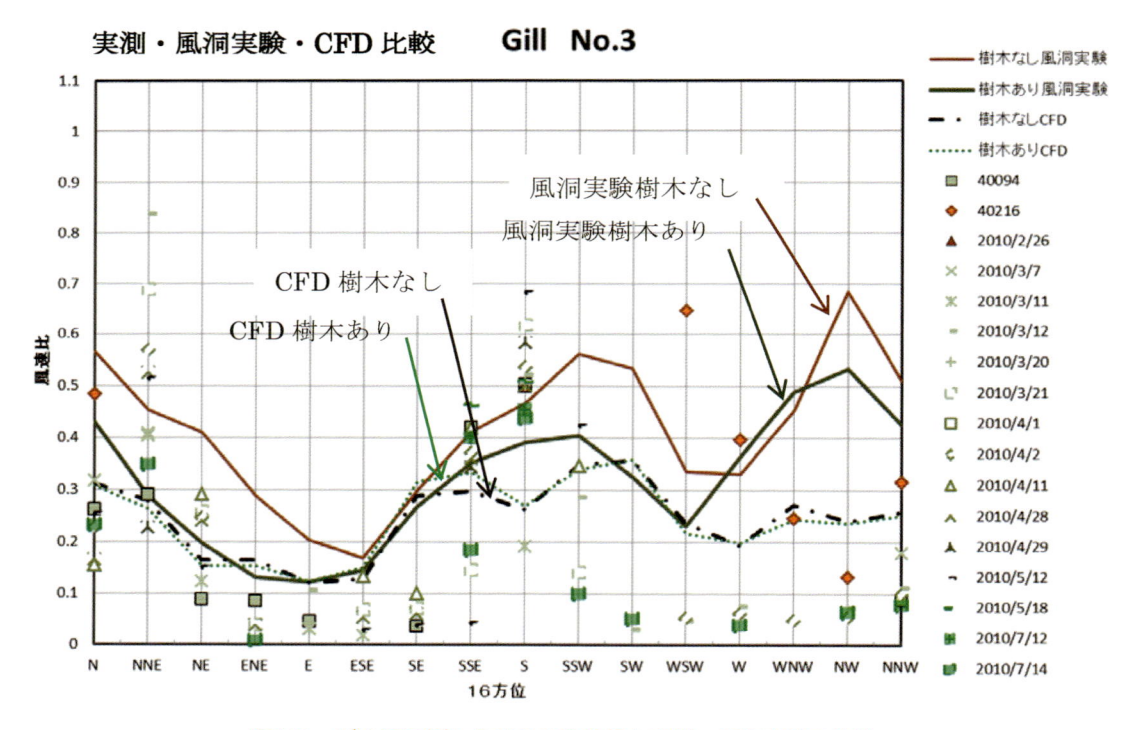

図113　ビル風予測におけるCFD結果と実測・風洞実験の比較

　でも、CFDもここまで来たかと言えるかも知れません。**図113**の補足ですが、樹木ありは春～秋にかけて、樹木なしは落葉樹（当該地は桜）の冬場の状況です。風洞実験では樹木な

しは全く樹木模型がない結果であり、CFDはプログラム上で実際の状況（木の種類、植栽場所、葉の付き具合）を想定した樹木模型を想定しています。一方、図の緑色のドットは葉がついている季節の実測値を表しています。この図を見るとき、そのあたりを差し引いてみてください。

　CFDで最も時間と手間を要するのはCADモデルです。図のCADモデルは、直径600m内の地域にある建物を、4〜5人の手慣れた学生が1か月掛けてSketch-Upという簡易CADソフトを用いて作り上げたものです。プロにお願いするとべらぼうな請求がくるかもしれません。そのうち技術が進歩すれば、航空写真からすぐにCADモデルが出来上がるのも直近です。

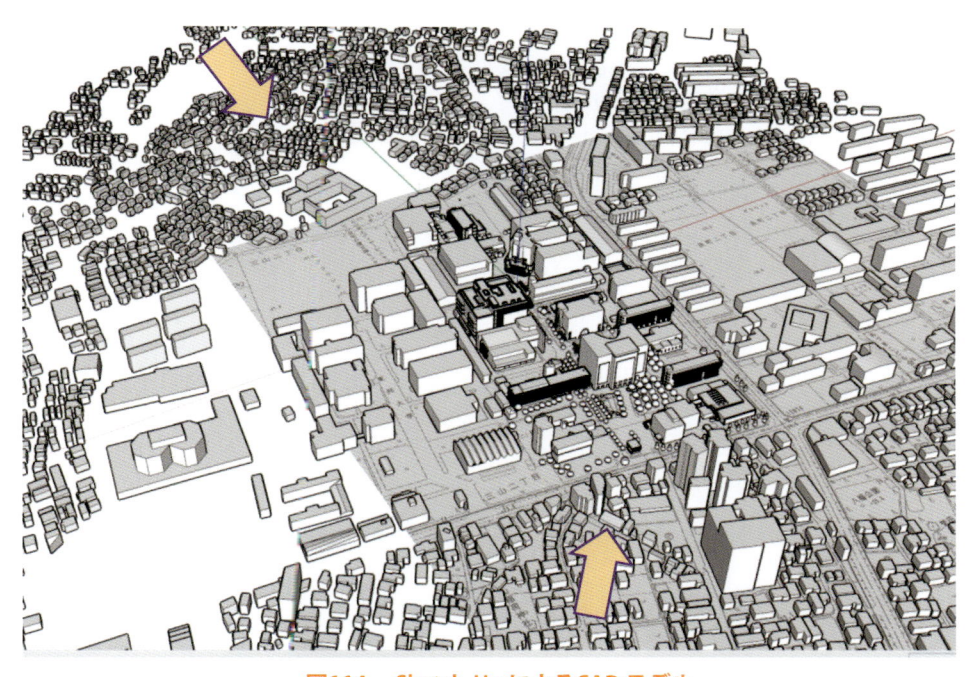

図114　Sketch-UpによるCADモデル

　図115は、ちょっとハイスペックなPCを用い、汎用のStream流体解析ソフト（改良型Kε）により1日がかりで計算した風速コンター図（16方位中の2風向）です。CFDの利点はご覧のように連続的で空地の一部始終まで風の状況を捕らえることができます。この図は地上3mレベルの風況ですが、一度計算すればすべての空間の状況をビジュアルに表現できることでしょうか。もっと性能のいい、例えばスーパコンピュータ「京」であれば、LES解析によってもっと精度よく、もっと早く、更には瞬間風速まで計算できるかも知れません。あいにくメッシュ規模にもよりますが1時間当たり100万円以上、10時間の計算としても1,000万円をご用意願いますと言われるかもしれません。

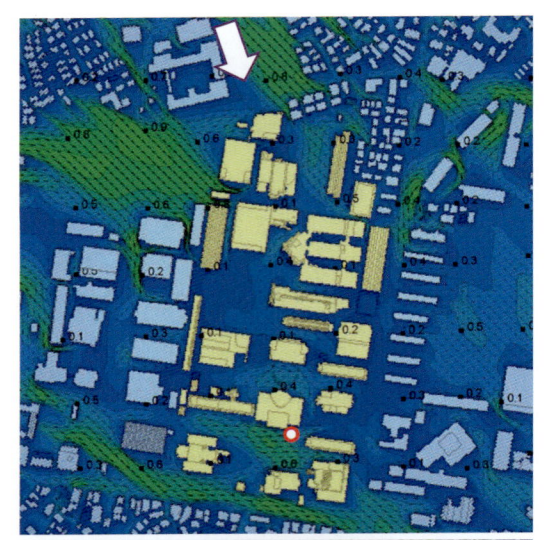

NNW

SSW

図115　CFDによる風速コンター図　　◎印：Gill No.3

　そのうちこんな超大型スパコンも手の平サイズ、まさにお釈迦様の手の内にとういうことも考えられます。まさに怪進撃です。近い将来に期待しましょう。私は柔らかい掌の上で踊らされていてもいいと思う不甲斐なさ！あ～無情。

　さーて、講座もこれが最後、

　そうだ京都で紅葉拾いにでも行くか。思ったら吉日、勿論一人旅。

あとがき

　今回のシリーズ2は如何でしたか。「ビル風に立ち向かう方法」という表題にあるように、いつも受け身になって教えを乞うという姿勢から積極的にビル風を知ろうとする助けになりましたか。本書では、ビル風問題を真正面から見るのではなく、側面から時によっては背後から見てみると問題の本質が浮き彫りになるように思います。物事は、与えられることを鵜呑みにするのではなく、自らの眼で確かめて初めて真の解決に至る、そういう意図で纏めてみました。

　各章節の随所にシリーズ1「建築と風のかかわり」の図およびコメントを参照しています。本シリーズで詳しく知りたったという方もおられたと思いますが、同じ図をシリーズ2で重複するもどかしさをできる限り避けた所以でもあります。また、肩の凝らない講義とのうたい文句で極力「分かり易く」を念頭に綴ってきましたが如何でしたでしょうか。僕のことです、反響があればまたまた調子に乗ります。応援してください。

参考文献

1)W.D. Baines, "Effects of velocity distribution on wind loads and patterns on buildings", Symposium of Wind Effects on Buildings and Structures, paper 6, London:H.M.S.O.,1965.

2)相馬清二、荒川秀俊、他3名、"霞が関高層ビル周辺の風の特性"、構造物の耐風性に関する第1回シンポジューム、1970. pp,49-55

3)R.A. Parmelee, "The Nature of Wind and High-Rise Buildings: Chicago Style", Proceedings od the Design Symposium held at Northwestern University, Evanston, Illinois on March 23,1970.

4)住宅公団委員会資料

5)The Wind Blow, after Marlet(1847-1914)/Source:Charles Simond, La vie parisienne à travers le XIXe siècle, Paris, E.Plon, Nourrit et cie, 1901, p.476

6)A.D. Penwarden," Wind Environment around Tall Buildings", B.R.E. Digest, 1972

7)J.C.R. Hunt, " Some Effects of Wind on People", Symposium on External Flow", July 1972.

8)パリ・デファンス広報パンフレット

9)Y. Nakamura, "Bluff-Body Aerodynamics and Turbulence", Journal of Wind Engineering, Industrial Aerodynamics, Vol. 49 p.p.65-78, 1993.

10)永塚康宏、丸田榮藏、松山哲雄、吉田幸彦、"3D-LDAによるCube周辺の流れの計測：その3　建物周辺のガストファクター"、日本建築学会大会、2005.9

11)N.Isyumov and A.G. Davenport, " The Ground Level Wind Environment in Built-up Areas", Proceedings of International Conference on Wind Effects on Buildings and Structures, 1975, London.

12)丸田榮藏、"建築物周辺に生ずる風の乱れと突風率について"、第6回風工学シンポジューム、1980年11月、p.p.83-90.

13)丸田榮藏、"高層建築物周辺に生ずる強風領域に関する研究"、学位論文

14)W.H. Melbourne and P.N. Joubert, "Problems of Wind Flow at the Base of Tall Buildings", Proceedings of International Conference on Wind Effects on Buildings and Structures, 1971, Tokyo

15)A.F.E. Wise, " Effects due to Groups of Buildings", Phil. Trans. Roy. Soc. London A. 209, p.p. 469-485.

16)W.H. Melbourne and P.N. Joubert, "Problems of Wind Flow at the Base of Tall Buildings", Proceedings of Wind Effects on Buildings and Structures, Tokyo, 1971

17)I. Kamei and E. Maruta," The Prediction of Strong Winds Occurring around Buildings", 4th Colloquium on Industrial Aerodynamics, Aahen, Jun18-20, 1980.

18)T.V. Lawson and A.D, Penwarden " The Effects of Wind on People in the Vicinity of Buildings", Proceedings of the 4th International Conference on Wind Effects on Buildings and Structures, Heathrow, London, 1975.

19)ECCS Technical Committee T12 : Recommendations for the Calculation of Wind Effects on Buildings and Structures,

20)風荷重に対する足場の安全技術指針、社団法人仮設工業会、平成11年改訂

21)T. Stathopoulos, "Pedestrian Level Winds and Outdoor Human Comfort", Journal of Wind Engineering and Industrial Aerodynamics 94 (2006) 769-780

22)「温熱生理学」著者 中山昭雄編　出版社　理工学社

23)丸田榮藏、"台風時に観測されたキャンパス複数地点における風分布"、AHLOS旭川、2010.8.2

24)丸田榮藏、"キャンパス内の風観測結果の分析─その2　10分間と1分間評価時間に対するガストファクター比較

　　　－　"、日本大学生産工学部第43回学術講演会概要、2010.12.4

25) S. Murakami, Y. Iwasa, Y. Morikawa, " Study on Acceptable Criteria for Assessing Wind, Environmental at Ground Level Based on Residents" , Journal of Wind Engineering and Industrial Aerodynamics, 24 (1986) 1-18 1

26) (一財) 日本建築センター台風19号被害調査委員会、"暴風時の心得"、平成4年8月1日

27) A.D. Penwarden, "Acceptable Wind Speeds in Towns" , BRE Current papers, 1/71, Jan. 1974.

28) 上野敏幸、vibpower.w3.kanazawa-u.ac.jp/technical_information.html、金沢大学振動発電研究室

29) R.M. Aynsley, W. Melbourne, B.J. Vickery, "Architectural Aerodynamics" , Applied Science Publishers LTD, 1977.

30) J.M. Caborn, "Shelterbelts and Windbreaks" , Faber & Faber Ltd24 Russell Square London.

31) 亀井勇、丸田榮藏、加藤信男、新堀義則、"建物壁面粗滑が周辺の強風区域に及ぼす影響"、日本建築学会大会学術梗概集、1979年10月、p.p.637-638

32) A.D. Penwarden and A.F.E. Wise, "Wind Environment around Buildings" , BRE Report, Department of Environment, BRE, Her Majesty's Stationary Office, London.

33) J. Gandemer, "Wind Shelters" , 3rd Colloquium on Industrial Aerodynamics, Aachen, June, 14-16, 1978

34) 丸田榮藏、"風洞実験に用いる樹木の模型化の試み"、日本建築学会大会学術梗概集、1979年10月、p.p.799-800

35) 亀井勇、丸田榮藏、中田佳一、樹木の防風効果に関する研究 (その1模型化について)、日大生産工第10回学術講演会、1977-12-3、PP.177-180

36) 丸田榮藏、"建物周辺気流の樹木を用いた防風効果について"、日本建築学会大会学術梗概集、1978、9月、p.p.985-986

37) N.J. Cook, "The Designer's Guide to Wind Loading of Building Structures Part 1" , ERE, Butterworths, 1985.

著者紹介

丸田 榮藏（まるた えいぞう）

◆ 出身地　石川県七尾市　千葉県佐倉市在住
◆ 1968 年　日本大学理工学部建築学科　卒業
　1990 年～ 2014 年　日本大学生産工学部教授
◆ 専門　風工学・建築構造、ビル風の予測対策、建物壁面の
　作用風圧評価、建築構造物の耐風設計並びに風災害など
◆ 主な著書
　「わかる建築学 4 建築構造力学（学芸出版社 , 2009 年）」、
　「わかる建築学 5 建築構法（学芸出版社 , 2011 年）」など
◆ 所属学協会　風工学会、建築学会、膜構造協会
◆ 趣味　ガーデニング（バラの咲きほころぶイングリッシュ
　ガーデン）・グルメクッキング（男料理）

誰もが知りたがる　風の噺
シリーズ 2　～ビル風に立ち向かう方法～

平成 29 年 11 月 15 日

著　者　丸田　榮藏

発行人　小林　大作

発行所　日本工業出版株式会社

http://www.nikko-pb.co.jp/　　e-mail : info@nikko-pb.co.jp

本　　　社　　〒 113-8610　東京都文京区本駒込 6-3-26

　　　　　　　TEL 03(3944)1181(代)　FAX 03(3944)6826

大阪営業所　　〒 541-0046　大阪府大阪市中央区平野町 1-6-8　1F

　　　　　　　TEL 06(6202)8218　FAX 06(6202)8287

振　　　替　　00110-6-14874

■乱丁本はお取替えいたします。

〈東京本社付近図〉

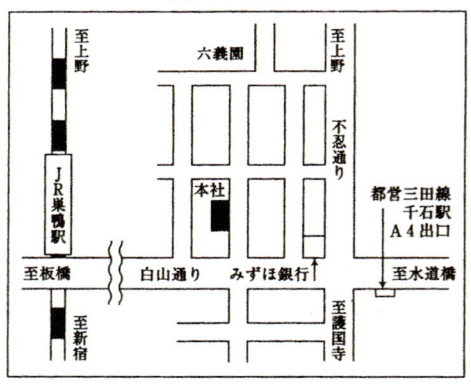

定価：本体 980 円 ＋税